Bonne route vers l'amour
véritable.

Christiane Fortin

La route vers mon âme

vers

mon âme

La guérison au bout du crayon

Données de catalogage avant publication (Canada)

Fortin, Christiane

    La route vers mon âme: la guérison au bout du crayon

    ISBN 2-89436-048-7

    I. Titre.

PS8561.O741R69 2000   C843'.6   C00-941780-X
PS9561.O741R69 2000
PQ3919.2.F67R69 2000

Illustration:
    Huile sur toile de Jean Gravel, 2000

Infographie:
    Caron & Gosselin

Mise en pages:
    Composition Monika, Québec

Éditeur:
    Éditions Le Dauphin Blanc
    C.P. 55, Loretteville, Qc, G2B 3W6
    Tél.: (418) 845-4045 – Fax (418) 845-1933
    Courriel: *dauphin@mediom.qc.ca*

ISBN 2-89436-048-7

Dépôt légal:
    4ᵉ trimestre 2000
    Bibliothèque nationale du Québec
    Bibliothèque nationale du Canada

Christiane Fortin

La route
vers
mon âme

La guérison au bout du crayon

Le Dauphin Blanc

À la douce mémoire de mes parents,
Yolande Villeneuve et Aimé Fortin

Remerciements

À mon mari, Jean Gravel, pour son soutien et son appui.

À ses enfants, André, Chantal et Kathleen,
qui remplacent ceux que je n'ai pas eus.

À nos petits enfants, Corine et Gabriel,
pour leur amour inconditionnel.

À ma nièce, Nicole Gagnon,
pour sa présence et son écoute.

À son conjoint , Marcel Duguay,
pour son support et la correction de mes textes.

À tous ceux et toutes celles qui m'ont inspirée ce premier livre et qui
occupent une place toute particulière dans mon cœur.

Introduction

Ce livre se veut un itinéraire pour reprendre la route vers son âme. Il constitue une véritable thérapie pour ceux qui choisiront, à l'instar des deux personnages Catherine et Jean-François, de suivre les conseils prodigués et les techniques élaborées au fil des pages.

Je souhaite que ce livre vous inspire et vous insuffle le désir de retrouver l'amour véritable de soi en utilisant l'outil extraordinaire qu'est le pardon. Une telle démarche vous conduira inévitablement à la guérison de vos blessures d'enfance.

Lors des rencontres avec mes patients, je privilégie l'écriture pour reprendre contact avec l'enfant intérieur et pour libérer la surcharge émotionnelle liée au passé. La technique, très simple et accessible, consiste à écrire aux gens qui nous ont causé du tort ou à qui nous avons quelque chose à reprocher (sans leur envoyer la lettre évidemment). On en vient alors à écrire à nos parents, nos premiers modèles. Ceci nous met inévitablement en contact avec les blessures de l'enfance. On peut alors y appliquer le pardon afin de guérir définitivement ces blessures. Ce cheminement est celui que mes deux personnages empruntent.

L'écriture peut accomplir des miracles. Servez-vous en, vous serez les premiers à en retirer les bienfaits. Tout comme Catherine et Jean-François, vous découvrirez que la guérison est au bout de votre crayon.

Chapitre un

Catherine roulait depuis deux heures déjà, à la recherche de l'auberge que lui avait fortement recommandée Jacqueline, son amie et sa consœur de travail. En arrêt de travail depuis maintenant cinq mois suite à un épuisement professionnel, Catherine réalisait pour la première fois la portée des paroles de son amie Jacqueline. Celle-ci l'avait mise en garde concernant son rythme de vie effréné et tout le tort que cela lui causerait au fil des ans. À cette époque, elle n'avait pas été attentive à cet avertissement, poursuivant sans cesse de nombreuses activités. Mais deux mois plus tard, son médecin lui prescrivait un repos complet.

Depuis, elle se sentait sans énergie et désespérait de reprendre un jour ses activités professionnelles. Elle ne se sentait plus apte à prendre des décisions. De plus, elle traversait de nombreuses périodes dépressives, mais refusait catégoriquement de prendre des antidépresseurs. Bien qu'elle avait l'appui de son mari et de ses trois filles, de qui elle recevait toute l'affection souhaitée, elle demeurait toujours très fatiguée, tant physiquement qu'au niveau émotionnel. Elle en était venue à craindre la permanence de cet état de fragilité et de vulnérabilité.

Ce jour là, pour la première fois depuis le début de sa maladie, elle s'aventurait seule, loin de chez elle. Elle était anxieuse de découvrir ce sanctuaire de repos qui, selon son amie, l'aiderait à retrouver cette énergie qui lui faisait tant défaut depuis longtemps. Comme elle était de moins en moins fréquentée, la route lui apparaissait peu rassurante. Mais le paysage qui s'offrait à elle, avait quelque chose de féerique et l'incitait à poursuivre. Une belle rivière, dont la fougue avait puisé sa source des nombreuses pluies des derniers jours, longeait la route au pied d'une majestueuse montagne.

Catherine réalisait que sa présence sur cette route constituait la première décision qu'elle avait prise depuis le début de son repos. Elle appréhendait ce séjour, seule dans cette auberge. Les dernières indications du chemin à suivre ne semblaient pas atténuer ses craintes. Elle décida donc de prendre un temps d'arrêt. Elle immobilisa l'automobile sur le rebord de la chaussée et s'installa près de la rivière, dans l'herbe fraîche.

Au rythme des forts courants de la rivière, Catherine reprenait contact avec cette jeune femme impétueuse qu'elle avait toujours été. Elle entrevoyait pour la première fois, une lueur d'espoir. Comme elle aimerait retrouver cette Catherine, enthousiaste, déterminée, qui s'occupait de tout et de tous, qui avait toujours de nombreux projets en tête, qui réussissait de façon remarquable tout ce qu'elle entreprenait et qui était toujours très sûre d'elle-même.

Catherine voulait tellement que ce séjour dans cette auberge soit l'opportunité pour elle de reprendre goût à la vie et de retrouver sa joie de vivre, ou au mieux, de se sentir sereine et en harmonie. Ce désir, son amie Jacqueline lui avait inspiré. Elle avait elle-même séjourné dans cette auberge, deux ans auparavant. Pourtant, Jacqueline avait été très avare d'informations concernant l'auberge. Catherine se demandait même encore pourquoi elle avait pris la décision de s'y rendre et ce qui l'empêchait de faire demi-tour. C'était assurément ce qu'elle aurait fait il y a quelques temps. Jacqueline lui avait seulement expliqué qu'un séjour en ce lieu de repos lui donnerait accès au secret pour retrouver «la route vers son âme». Ses explications s'étaient limitées à ces quelques mots, prétextant ne pas vouloir l'influencer. Selon elle, Catherine devait prendre elle-même sa décision. Jacqueline était non seulement une excellente amie, mais Catherine savait qu'elle pouvait lui faire confiance, comme plusieurs personnes le faisaient d'ailleurs. En effet, Jacqueline accompagnait de nombreuses personnes dans leur démarche de croissance personnelle, en plus d'être très sereine elle-même.

Cette halte près de la rivière s'avéra très bénéfique pour Catherine. Ses craintes s'étant légèrement estompées, elle se sentait un peu mieux. L'énergie communiquée par ce cours d'eau l'aidait à accepter ses états d'âme, ses périodes de découragement, ses sautes d'humeur et ses nombreux questionnements concernant son éventuel retour au travail. Elle décida de s'approprier cette énergie du mieux qu'elle le pouvait et de la garder en réserve pour les semaines à venir.

Catherine reprit la route et, en sortant d'une courbe très prononcée, aperçut l'affiche «Auberge Le Phare: 2 kilomètres». Elle poursuivit au rythme de son cœur qui battait la chamade. Bientôt, au pied de la montagne, elle découvrit ce phare qui avait servi de guide, pendant de nombreuses années, aux bateaux naviguant sur le fleuve. Elle espérait sincèrement y trouver, elle aussi, un guide qui l'aiderait à sortir de cette tourmente. Elle stationna son véhicule et se dirigea vers l'entrée, ornée de fleurs multicolores.

Elle remarqua immédiatement l'auberge construite derrière la maison du phare et entourée de jardins. Il s'en dégageait d'ailleurs une odeur de parfum et de fraîcheur qu'elle prit le temps de respirer avant de sonner à la porte. On lui ouvrit et elle fut accueillie par une dame d'une cinquantaine d'années.

– Bonjour, vous devez être Madame Catherine Ladouceur! Je me nomme Corinne Desruisseaux et il me fait plaisir de vous accueillir à l'Auberge Le Phare. Vous êtes un peu en avance... voulez-vous vous asseoir et patienter un moment? Madame Lalumière, la propriétaire de l'auberge, viendra vous rencontrer dans quelques minutes.

– Bien sûr! La route m'a parue si longue et je suis si heureuse d'être arrivée, répondit Catherine dans un soupir de soulagement.

Catherine s'assit et profita de cet instant pour jeter un coup d'œil au hall d'entrée de l'auberge. Elle remarqua les meubles antiques et les belles pièces murales qui agrémentaient l'endroit et le rendaient très chaleureux. Cet environnement la rassura et la réconforta dans sa décision d'y être venue.

Elle croyait maintenant être au bon endroit. Jacques et les filles lui manqueraient beaucoup. Mais pour les deux prochaines semaines, elle suivrait le courant. Elle devait dorénavant accepter ses sentiments d'incertitude, de découragement et de fatigue extrême. Elle ne devait plus se battre contre ces sentiments. Après toutes ces années de travail et d'implication tant familiale que professionnelle, elle décidait de prendre ce temps pour elle et désirait de tout cœur se reposer pour permettre à son corps de guérir de cette extrême fatigue.

La cloche d'entrée sortit Catherine de ses pensées. À sa grande surprise, elle reconnut l'homme qui venait d'entrer. Il s'agissait de Jean-François Labonté, un ancien confrère de travail. Elle se souvenait de son attitude amicale envers elle avant qu'il ne quitte l'entreprise où ils s'étaient côtoyés pendant quelques années. Sans hésiter, elle alla à sa rencontre.

— Bonjour Jean-François, je suis heureuse et surprise de te rencontrer ici.

— Catherine?! Bonjour! Que fais-tu ici?

— Cette auberge m'a été recommandée par une amie qui a déjà séjourné ici. Alors je viens m'y reposer. Et toi?

— Cet endroit m'a chaudement été recommandé à moi aussi, par mon frère aîné.

Au même moment, Madame Desruisseaux revint pour accueillir Jean-François.

— Bonjour, que puis-je pour vous?

— Je désire recevoir de l'information sur votre auberge ainsi que sur les différents services que vous offrez.

— Je ne pourrai malheureusement pas répondre à votre demande, vous devez attendre l'arrivée de Madame Lalumière. Elle se fera un plaisir de répondre à toutes vos questions. J'ai remarqué que vous semblez vous connaître tous les deux. Auriez-vous une objection à ce que Madame Lalumière vous reçoive ensemble pour les explications de base?

— Non, bien sûr, répondit Catherine sans hésiter.

– Ça me convient tout à fait, moi aussi, ajouta Jean-François.

– Bien, je vous remercie de votre compréhension.

Catherine et Jean-François remercièrent gentiment la dame à leur tour. Cette dernière quitta de nouveau le hall, laissant les deux amis à la joie de leurs retrouvailles.

– Ainsi donc Catherine, tu as l'intention de séjourner ici quelques jours...

– Oui. Je crois que j'en ai bien besoin.

Catherine profita de l'occasion pour relater à son ami la situation qu'elle vivait depuis quelques mois.

– Et toi, Jean-François, enchaîna-t-elle, qu'est-ce qui t'amène à cette auberge?

– Suite à mon départ de l'entreprise, il y a maintenant huit ans, j'ai débuté dans la construction à titre de travailleur autonome et, dès le départ, j'ai obtenu d'excellents résultats. Malheureusement, cela n'a pas duré et les hausses d'intérêt de l'époque m'ont forcé à abandonner. Puis, j'ai démarré en affaires dans la restauration et, encore une fois, les circonstances m'ont obligé à déclarer faillite. Je dois donc maintenant recommencer à neuf. Je ne me suis vraiment jamais remis de cet échec. Mon état de santé a aussi été très affecté. Mon frère, connaissant tous mes déboires financiers des dernières années, a jugé bon de me donner l'adresse de cette auberge et il m'a suggéré de venir voir moi-même ce qui s'y passait. Alors, me voilà. Mais parle-moi un peu de toi... Comment va ton mari?

– Jacques va bien. Évidemment, il est très inquiet de mon état de santé, comme toute ma famille d'ailleurs. Tous se sont bien occupés de moi depuis mon arrêt de travail. Je crois que mon séjour ici leur donnera un répit car nous sommes passés par toute la gamme des émotions depuis les cinq derniers mois. Je crois que le plus difficile à accepter pour ma famille demeure cette extrême fatigue qui m'habite et cette incapacité à retrouver mon énergie. Ils ne me reconnaissent pas du tout, car de la femme extrêmement active et performante que j'étais, il ne reste plus qu'une femme amorphe, découragée, qui pleure facilement, qui a peur de demeurer dans cette situation et qui se demande même si un jour elle verra la lumière au bout du tunnel.

— D'après les informations obtenues de mon frère Paul, je crois que tu trouveras ici toute l'aide dont tu as besoin.

— Jean-François, je l'espère de tout cœur. Je me sens bien depuis que je suis ici, cette rencontre et cette démarche que j'entreprendrai avec Madame Lalumière me seront sûrement salutaires.

Catherine fit une légère pause, puis reprit :

— Et toi, ta femme...? Tes enfants...?

Jean-François poussa un soupir et se confia :

— Ces huit dernières années m'ont apporté des expériences très imprévisibles. J'ai perdu beaucoup d'argent et plusieurs personnes en ont perdu par ma faute. Ma femme m'a quitté après que l'un de mes fils ait eu un grave accident. J'ai dû déménager à plusieurs reprises. Heureusement, mon deuxième fils, Richard, qui est ingénieur, gagne très bien sa vie. Il est bien établi et je le considère présentement comme ma seule vraie réussite. Pour tout te dire, je ne sais plus du tout où j'en suis, et plus j'avance en âge, plus je réalise que ma vie est un échec.

Catherine ressentit de la compassion pour Jean-François. Son histoire l'a ramenait à ses propres problèmes.

— Je suis moi aussi à un moment crucial de ma vie. Malgré un époux et trois belles jeunes filles qui m'aiment, malgré la réussite de l'ensemble des projets que j'ai entrepris, me voilà ici, dans cette auberge, avec le sentiment d'avoir tout gâché. Je me cherche et je viens ici pour faire le point.

— Tu sembles plus déterminée que moi. J'en suis heureux pour toi. J'ai hâte que Madame Lalumière nous renseigne sur ses services. Je déciderai par la suite du bien fondé d'une période de repos et de remise en question dans ce genre d'endroit. Présentement, ma vie est remplie d'expériences qui se répètent et, à 48 ans, il est temps pour moi d'y regarder de plus près afin de saisir le message qui se cache derrière tout cela.

À cet instant, Madame Lalumière pénétra dans la pièce. C'était une dame élégante, débordante de confiance mais sans une trace d'arrogance. Spontanément, on se sentait attiré vers elle.

– Bonjour Catherine, bonjour Jean-François, soyez les bienvenus à l'Auberge Le Phare. Je suis très heureuse de vous accueillir ici et il me fera plaisir de vous donner toutes les informations désirées. Si vous le voulez bien, allons nous installer au salon.

Ils se déplacèrent tous les trois dans la pièce voisine et s'installèrent dans de beaux fauteuils très confortables.

– Nous aimerions connaître votre programme d'intervention et recevoir quelques renseignements sur l'historique de votre auberge, demanda immédiatement Jean-François.

– Cette auberge a vu le jour il y a maintenant sept ans, répondit gentiment Madame Lalumière. Depuis ce temps, nous avons hébergé des hommes et des femmes ayant le goût de prendre un repos bien mérité, désireux d'apprendre à mieux se connaître ou souhaitant tout simplement se ressourcer dans le but de prendre un nouveau départ. Nous avons donc développé un programme complet pour accompagner ces gens dans leur démarche personnelle.

– En quoi consiste ce programme, demanda Catherine?

– Tout d'abord, lorsque nous accueillons les gens, comme je le fais maintenant avec vous deux, nous notons les raisons de leur présence dans notre auberge. Certes, tous désirent se reposer, ils sont donc très attirés par le calme de la campagne. Puis, ils nous dévoilent, petit à petit, les raisons qui les amènent à rechercher ce repos. Certains sont en arrêt de travail pour cause de fatigue ou pour perte d'emploi, certains sont impliqués dans une démarche de rupture de couple ou de questionnement face à un nouvel engagement dans leur vie, certains viennent pour une réorientation de carrière, d'autres pour mettre en lumière les difficultés qu'ils éprouvent dans leurs relations familiales et finalement, certains éprouvent des problèmes financiers. Comme vous le constatez, ces gens étaient arrivés à un point tournant de leur vie, tout comme vous probablement, et ils ont ressenti le besoin de faire une pause pour réfléchir sur eux-mêmes.

– Comment ce programme est-il organisé? Comment fait-on ce retour vers soi, ce que vous appelez, je crois, «la route qui mène à notre âme»? questionna Jean-François.

– Je vois que vous êtes bien informés. En effet, toutes les personnes qui séjournent ici ont l'opportunité de reprendre contact avec ce qu'elles ont de plus précieux en elles, leur âme. Ici, nous croyons que toutes les difficultés, tous les malaises, toutes les peurs, toutes les formes de dépendance, tout le questionnement pour trouver un sens à sa vie et pour être heureux, ont comme origine un manque d'amour véritable de soi.

– Qu'entendez-vous par amour véritable de soi, demanda Catherine.

– Regardez sur ce mur, répondit Madame Lalumière en pointant le mur près d'eux. En quelques mots, cet écriteau vous dévoile ce que nous entendons par amour véritable de soi, et sachez que vous aurez la possibilité de poursuivre cet apprentissage tout au long de votre séjour dans notre refuge.

Catherine et Jean-François prirent le temps de lire l'écriteau, comme le suggérait leur hôtesse.

L'amour véritable de soi consiste:

♥ à respecter son espace et celui de l'autre,

♥ à se donner le droit d'être humain, c'est-à-dire d'avoir des besoins, des attentes, des limites, des désirs, des peurs et des faiblesses, et d'accorder ce droit aux autres.

♥ à accepter les autres et leurs actions même si je ne suis pas d'accord ou même si je ne comprends pas les raisons qui les font agir.

♥ à aider et à guider sans attente.

♥ à donner pour le plaisir de donner, sans attente.

– C'est un amour libérateur, authentique, inconditionnel, reprit Madame Lalumière après un court instant.

– En apprenant à nous aimer, est-ce que nous recevons automatiquement l'amour et l'appréciation que nous attendons des autres? demanda Jean-François.

– Oui, et c'est notre corps qui est notre meilleur guide. Il nous envoie constamment des messages pour nous faire prendre conscience que nous ne nous aimons pas véritablement. Ces différents messages se retrouvent sous forme de malaises, de maladies, d'accidents, de dépendances physiques, de prise ou de perte de poids, de peurs, de culpabilités, d'angoisse, d'inquiétudes, d'insomnie, d'obsessions ou même d'extrême fatigue.

Madame Lalumière expliqua à Catherine et à Jean-François que le cheminement pour retrouver «la route vers leur âme» prendrait la forme de plusieurs activités auxquelles les résidents de l'auberge pouvaient se joindre. Toutefois, comme ces activités avaient toutes leur raison d'être, chaque résident entreprenait sa démarche selon son rythme et ses préférences.

Il y avait des périodes d'enseignement avec des sujets différents tous les jours, des sessions d'écriture dirigée ainsi que du temps réservé à la lecture et au recueillement, favorisant ainsi l'introspection. Toutes ces activités étaient accompagnées d'exercices physiques, d'une saine alimentation et d'un sommeil réparateur. Ce programme permettait un très grand repos car le calme et le silence étaient de rigueur. Ce temps d'arrêt et de retour sur soi, à un moment où la vie est habituellement très intense, constituait, disait-elle, l'une des plus belles périodes de la vie.

— Vous savez sûrement tous les deux, poursuivit Madame Lalumière, que nous sommes sur la terre pour être heureux et que nous sommes responsables de notre bonheur. Nous possédons à l'intérieur de nous tous les outils nécessaires pour atteindre la plénitude. Dès que les gens font une introspection, ils perçoivent mieux leurs sentiments et sont en mesure de reconnaître qu'ils ont simplement projeté leurs conflits intérieurs sur le monde extérieur, sans chercher à les résoudre.

«Vous êtes ici aujourd'hui pour des raisons probablement très différentes. Je sais que Catherine désire poursuivre son repos suite à un arrêt de travail. Mais vous, Jean-François, pour quelles raisons êtes-vous ici?»

— Je désire mettre de l'ordre dans ma situation financière ou du moins j'aimerais repartir du bon pied et avoir l'assurance de réussir ma prochaine entreprise, répondit Jean-François.

— Bien, avez-vous d'autres questions? Ai-je répondu à vos interrogations? conclut Madame Lalumière.

— Pour ma part, je possède suffisamment de renseignements pour entreprendre mon séjour à l'Auberge Le Phare, répondit Catherine en se levant.

Madame Lalumière lui sourit et se tourna vers Jean-François.

— Tout est très clair mais je préfère repenser à tout cela et vous contacter dans les prochains jours, répondit ce dernier.

Sur ce, il se leva à son tour et remercia Madame Lalumière, visiblement satisfait de cette première rencontre.

– Avant de quitter, accepteriez-vous de répondre à un questionnaire? s'enquit Madame lalumière auprès de Jean-François. Le résultat vous fera prendre conscience de votre capacité à vous livrer aux autres, c'est-à-dire votre capacité à être vrai.

– Pourquoi pas..., répondit Jean-François en acceptant le formulaire qu'elle lui offrait.

– Et vous aussi, Catherine... J'aimerais que vous le complétiez, si vous le voulez bien.

– Volontiers!

Questionnaire

Pour chaque énoncé, encercle un chiffre de 0 à 5 sachant que 0 = jamais et 5 = toujours.

♥ Avant de manger, je prends le temps de vérifier si j'ai vraiment faim (0 1 2 3 4 5)

♥ Quand je sais ce que je dois manger ou boire, c'est ce que je consomme (0 1 2 3 4 5)

♥ Quand j'ai tort, je sais l'avouer sans me justifier (0 1 2 3 4 5)

♥ Je peux dire tout de suite à la personne concernée que son comportement me fait vivre de la colère (0 1 2 3 4 5)

♥ Si une maman me demande si son bébé est beau et que je ne le trouve pas beau, je peux lui dire la vérité (0 1 2 3 4 5)

♥ Quand je ne suis pas d'accord avec une personne et qu'elle me demande mon opinion, je lui dis la vérité (0 1 2 3 4 5)

♥ Quand j'ai des invités chez moi et que je désire qu'ils partent parce que je suis fatigué, je peux leur dire (0 1 2 3 4 5)

♥ Quand quelqu'un me demande un service, je prends le temps de vérifier si je peux le faire (0 1 2 3 4 5)

♥ Quand je n'ai pas le goût de rendre un service après qu'on me l'ait demandé, je peux l'avouer à l'autre personne (0 1 2 3 4 5)

♥ Quand j'ai une demande à faire, je la fais directement à la personne concernée (0 1 2 3 4 5)

♥ Quand quelqu'un me réveille le matin en me téléphonant après 9 heures et qu'il dit: «est-ce que je te réveille», je lui dis oui sans explication (0 1 2 3 4 5)

♥ Quand je trouve une conversation trop longue et ennuyante, je peux y mettre fin sans justification (0 1 2 3 4 5)

♥ Quand quelqu'un s'attend à ce que je l'embrasse ou si c'est de mise de le faire lors d'un anniversaire par exemple et que je n'ai pas le goût, je ne me force pas à le faire (0 1 2 3 4 5)

♥ Quand quelqu'un s'attend à ma visite (un parent par exemple) sans qu'il y ait eu un engagement à cet effet et que je ne veux pas y aller, je ne me force pas pour m'y rendre (0 1 2 3 4 5)

♥ Quand je ne me sens plus d'affinités avec un(e) ami(e) de longue date, je peux lui dire et ne plus me forcer à poursuivre ou entretenir cette relation (0 1 2 3 4 5)

♥ Quand je n'ai pas le goût de faire l'amour, je peux le dire à l'autre (0 1 2 3 4 5)

♥ Quand j'ai peur de parler à quelqu'un, je respecte cette peur en l'avouant à la personne concernée (0 1 2 3 4 5)

♥ Quand quelqu'un me défie de faire quelque chose et que j'ai peur, je peux avouer cette peur à l'autre (0 1 2 3 4 5)

♥ Je peux admettre que je suis fatigué(e) ou que ça ne va pas comme je le veux quand quelqu'un me le demande (0 1 2 3 4 5)

♥ Je peux admettre que je suis fatigué(e) et me reposer même si toutes mes tâches ne sont pas accomplies (0 1 2 3 4 5)

Vous pouvez maintenant additionner tous les chiffres de la question 1 à 20 et le total que vous avez obtenu est sur 100. Ce pourcentage est équivalent à votre capacité à être vrai. Notre capacité à être vrai est habituellement égale à notre capacité à nous aimer vraiment.

Après quelques minutes, les questionnaires furent complétés. Catherine obtint un résultat de 41 % et Jean-François, 43 %. Madame Lalumière leur expliqua que des cours sur l'amour véritable de soi leur seraient sûrement bénéfiques, ce qu'il pouvait d'ailleurs constater par eux-mêmes suite au questionnaire.

Sur ce, Jean-François remercia de nouveau Madame Lalumière, salua Catherine et quitta l'auberge. Catherine, quant à elle, se dirigea vers la chambre qui lui avait été assignée. Il s'agissait d'une grande pièce, peinte en mauve et ayant de très grandes fenêtres. De sa chambre, elle pouvait apercevoir le phare et les belles montagnes. La journée avait été riche en émotions. Fatiguée, elle décida de se reposer quelques instants avant de défaire ses valises.

* * *

Deux heures plus tard, elle descendit à la salle à manger. Elle fut heureuse de s'y retrouver seule, les autres résidents ayant sûrement pris leur repas à une heure moins tardive. La nourriture était excellente et le service, très amical. Malgré sa sieste de fin d'après-midi, elle avait l'intention de se coucher tôt, car son niveau d'énergie était toujours au plus bas. Il faudrait d'ailleurs qu'elle informe Madame Lalumière de son désir de débuter sa démarche tout doucement, au diapason de son état de fatigue et de vulnérabilité.

Après ce bon repas, Catherine fit quelques pas à l'extérieur pour respirer l'air de la montagne. Puis elle rentra et se mit au lit.

Chapitre deux

Après une bonne nuit de sommeil et un déjeuner léger, Catherine se sentait prête à débuter le voyage vers son âme. Elle se rendit, comme convenu, à l'atelier pour y rencontrer Madame Lalumière.

– Bonjour Catherine, avez-vous bien dormi?

– Très bien, je vous remercie. Il y a des mois que je ne m'étais pas aussi bien reposée.

– Vous sentez-vous prête à vivre votre première période d'enseignement sur l'amour véritable de soi?

– Oui, tout à fait.

– Puisque vous êtes en repos pour cause d'épuisement professionnel, je débuterai le programme de ce matin par une présentation sur les caractéristiques de votre personnalité qui ont probablement orienté votre façon de vivre. Saviez-vous que nous sommes les créateurs de notre vie et que tout ce que nous expérimentons vise à nous conscientiser sur le degré d'amour que nous éprouvons pour nous-mêmes?

– Ma foi... non, je n'ai jamais envisagé cet aspect.

– Si toutes nos expériences sont harmonieuses, cela signifie que nous accomplissons nos tâches avec attention et amour, et que nos actions sont appropriées à nos besoins personnels. Si au contraire, nous agissons pour être aimé des autres et répondons à leurs désirs et à leurs besoins sans respecter les nôtres, nous ne sommes plus dans le respect de soi et notre corps se charge à ce moment-là de nous le signaler. Si nous ne sommes pas à l'écoute de ces indices, nous perdons graduellement notre énergie et cela peut nous conduire à l'épuisement ou nous amener à vivre une maladie grave.

Intriguée, Catherine s'interrogeait.

– Est-ce possible que je sois entièrement responsable de l'état d'épuisement dans lequel je me trouve depuis quelques mois? Vous savez, je ne suis pas la première dans ma famille qui a dû cesser toute activité suite à un épuisement professionnel. Je suis la quatrième en trois ans et je suis convaincue que les exigences de nos vies professionnelles en sont la cause. Les autres personnes ont dû cesser toutes leurs activités pendant près de dix-huit mois et deux d'entre elles ont même dû changer d'emploi!

– Examinons ensemble le profil psychologique des personnes sujettes à l'épuisement professionnel, que je nommerais d'ailleurs plutôt «épuisement personnel et psychologique». Il est vrai que toutes les personnes qui expérimentent ce genre d'épuisement le font lorsqu'ils poursuivent des activités professionnelles. Je vous suggère donc de regarder vous-même ce profil, qui mettra en lumière certaines caractéristiques qui peuvent s'appliquer à vous ou qui décrivent en quelque sorte une partie de votre personnalité.

Madame Lalumière chercha quelques instants dans ses papiers, puis en sortit un document.

– Tenez, dit-elle en remettant le document à Catherine, lisez attentivement ceci. J'aimerais que vous notiez les caractéristiques qui pourraient décrire certains traits de votre personnalité.

Elles convinrent de se revoir dans trente minutes. Catherine se retira dans sa chambre. Elle prit connaissance du document intitulé: «Description psychologique des personnes sujettes à un épuisement professionnel».

La personne sujette à un épuisement professionnel:

- *a de la difficulté à dire non*
- *a de la difficulté à respecter ses limites ou ne les connaît pas*
- *est irréaliste ou s'en demande trop*
- *manque de confiance en elle et ne croit pas en sa valeur*
- *essaie de devenir un super parent*
- *est toujours dans l'action pour être acceptée*
- *n'a pas assez étudié à son goût*
- *travaille dans une atmosphère de rivalité*
- *veut produire sans cesse au travail et être efficace*
- *veut produire en quantité*
- *n'arrête jamais de faire, doit se sentir utile*
- *dépend de la reconnaissance des autres*
- *a besoin de se faire dire qu'elle est très utile*
- *est très dévouée et prend les choses très à cœur*
- *se sent souvent impuissante*
- *se sent contrôlée*
- *sent que l'on abuse d'elle*
- *donne beaucoup mais attend beaucoup en retour*
- *se compare sans cesse aux autres, se critique*
- *remarque ce que font les autres, surtout ceux qui en font moins*

- *trouve les autres paresseux s'ils gagnent le même salaire*
- *devient de plus en plus dévouée*
- *se sent de moins en moins appréciée*
- *critique les autres*
- *refoule ses émotions, a peur de ne pas être aimée*
- *se retire dans l'isolement et se retrouve seule,*
- *souffre de solitude,*
- *contrôle de plus en plus*
- *dépense de plus en plus d'énergie*
- *est très perfectionniste*
- *se bat contre les différents systèmes gouvernementaux, scolaires, hospitaliers*
- *a une petite voix à l'intérieur qui dit toujours que la liste n'est pas terminée*
- *trouve que tout est injuste*
- *devient impatiente avec les autres qui sont incompétents*
- *a de moins en moins le goût d'aller travailler*
- *doit toujours fournir de gros efforts, ce qui la stresse*
- *souffre habituellement d'insomnie*
- *peut être amenée à consommer plus de sucre, de médicament, de drogue ou d'alcool*

- *vit dans une absence de joie, vit de la frustration, de l'agressivité et du découragement*
- *devient facilement inquiète*
- *se rend à un épuisement total, physique, émotionnel et mental*
- *pour arrêter de travailler, elle attend d'être rendue à bout, d'être épuisée*
- *devient une victime, ce qui lui donne le droit de se plaindre*
- *met trop d'emphase sur sa capacité de performer*
- *manque d'amour et d'estime d'elle-même*
- *prend la vie trop au sérieux*
- *ne prend pas contact avec son petit enfant vulnérable, c'est pour cela qu'elle doit se montrer aussi capable*

On peut appeler l'épuisement professionnel: la maladie de l'amour-propre.

De retour à l'atelier, Catherine avoua à Madame Lalumière qu'elle s'était reconnue dans plusieurs des caractéristiques décrivant les types de personnalité susceptibles de vivre un épuisement professionnel. Elle était très surprise de constater que les informations de ce document décrivaient de façon aussi précise sa personnalité.

– Ainsi, j'aurais développé ce profil psychologique au fil des ans, et c'est ce qui m'a amené à cet épuisement ..., dit-elle songeuse.

– Exactement, Catherine. Vous avez développé ce type de personnalité parce que vous n'avez pas perçu de la part de votre mère, la forme d'amour que vous attendiez. Dès votre jeune âge, soit entre votre naissance et l'âge de sept ans, vous vous êtes rendue compte que vous n'obteniez pas l'attention voulue de votre mère. Vous avez donc pris la décision, dans votre tête d'enfant, d'en faire plus! Vous avez décidé qu'en performant plus, qu'en étant toujours très utile, qu'en faisant tout pour être à la hauteur des attentes de maman, vous recevriez l'amour et l'attention désirés. Mais vous n'avez quand même pas réussi à obtenir cela de maman, et la petite fille lui en a voulu, ce qui explique qu'en devenant adulte, vous avez continué de travailler de la même façon.

Après une courte pause, Madame Lalumière rajouta:

– À la naissance, tous les enfants sont des êtres purs, des êtres de paix et de lumière. Dès leur jeune âge, les gens autour d'eux leur lancent différents messages contradictoires et ceux-ci les acceptent: «tu es paresseux, tu n'es pas fiable, tu ne sais pas ce que tu vas faire de ta vie, tu me tombes sur les nerfs». Ils absorbent toutes ces données sans faire de distinction. Petit à petit, ils se couvrent d'un masque et ils jettent sur la vie un regard qui ne leur appartient pas. Ils se forgent une personnalité et une image correspondant aux attentes des adultes autour d'eux et, avec le temps, ils oublient complètement leur véritable individualité.

«Ainsi, dans votre tendre enfance, vous avez été blessée par certaines paroles, vous les avez encaissées comme si elles vous appartenaient. Vous avez donc grandi avec soit un complexe d'infériorité vous poussant continuellement à avoir besoin d'être reconnue; soit avec un complexe de supériorité vous incitant à vouloir écraser les autres. Vous avez pu aussi adopter une attitude impassible, camouflant ainsi sous votre masque des émotions intenses.

– Vous savez, ma mère était vraiment une très bonne personne, se défendit Catherine. Je me rappelle qu'elle était très exigeante envers elle-même, qu'elle n'a pas vraiment eu le temps de s'occuper de moi, car elle devait assumer toutes les tâches. Je ne crois pas éprouver de rancune envers elle, je l'ai toujours considérée comme une sainte. C'est plutôt avec mon père que j'ai eu des problèmes, il était très autoritaire et j'en ai toujours eu peur.

– N'oubliez pas, Catherine, que tout cela se fait inconsciemment. L'enfant, à cet âge, est en situation de survie. Il accepte donc de mettre de côté sa véritable identité et ses besoins pour faire plaisir à papa ou à maman, pour ne pas les décevoir, pour être aimé d'eux. Il en est ainsi pour tous les enfants qui ne perçoivent pas l'amour de leurs parents à un certain moment.

«Dans le cas d'un épuisement professionnel, il s'agit toujours de la peur de ne pas être à la hauteur du parent du même sexe, dans le cas présent, votre mère. Les exercices que nous compléterons ensemble vous aideront à prendre conscience de ce que vous avez enregistré dans votre mémoire d'enfant et ce qui vous a amené ultérieurement à développer cette façon de travailler pour obtenir de la reconnaissance, sans égard à vos limites ni à vos besoins. En voulant produire sans cesse et en voulant être toujours de plus en plus efficace, vous vous êtes épuisée à la tâche. L'épuisement professionnel ne dépend jamais du travail que l'on accomplit, mais bien de la façon dont nous l'exécutons».

– Il était impossible, renchérit Catherine, pour ma mère de reconnaître ce que je faisais car elle s'occupait de la maison, des repas et des différentes activités pour aider mon père.

– Comme vous n'avez pas perçu ou reçu cette reconnaissance de votre mère au moment où vous en aviez le plus besoin, reprit Madame Lalumière, vous ne vous êtes pas sentie aimée d'elle. Vous avez cherché désespérément à recevoir cette reconnaissance à travers toutes vos activités professionnelles, et c'est ce qui explique votre état actuel.

– Est-ce que cela expliquerait également mon grand besoin de me sentir utile? demanda Catherine.

– En effet, si vous avez toujours cru que vous deviez vous oublier pour les autres afin d'être aimée, cela explique votre besoin de vous sentir utile. À ce moment-là, vous êtes devenue le genre de personne à être toujours au-devant des autres et à penser que vous étiez responsable du bonheur des autres. Mais, vous savez sûrement qu'aucun être humain n'a le pouvoir de rendre une autre personne heureuse car le bonheur vient de l'intérieur de soi. N'oubliez pas que ce besoin n'a pas été comblé au cours de votre enfance et que c'est votre enfant intérieur qui a perçu ce manque.

– Mon enfant intérieur? s'étonna Catherine. Que voulez-vous dire?

– Au creux de votre âme vieillissante, expliqua Madame Lalumière, se dissimule un petit être qui refoule sa véritable expression. Celui-ci opte pour des réactions émotives exprimant son besoin d'être aimé pour ce qu'il représente au lieu de ce qu'il est. Il en est ainsi dans toutes ses relations interpersonnelles. Il ne peut plus communiquer de façon authentique avec les autres, car il se bat constamment pour recevoir la reconnaissance et la valorisation, bref pour être aimé. Petit à petit, son masque s'épaissit, dressant ainsi une façade vis-à-vis autrui. Il perd du même coup l'essence même de sa propre existence.

«Votre enfant intérieur se bat au sein de l'adulte pour retrouver une présence satisfaisante, alors que l'adulte tente l'impossible pour regagner l'image perdue de sa jeunesse. Cette valse incommodante entre l'enfant et l'adulte offre alors un milieu favorable à la naissance de conflits intérieurs et il s'en suit une perte de la joie de vivre, de l'harmonie et de la sérénité. Nous reviendrons souvent sur cette présence de votre enfant intérieur au cours de votre séjour. En développant ainsi des comportements pour être aimé, vous avez créé un amour emprisonnant plutôt qu'un amour libérateur, de telle sorte que:

♥ vous avez eu beaucoup de difficultés à faire respecter votre espace

♥ vous avez voulu constamment vous changer et changer les autres

♥ vous avez appris à vous contrôler et à tout contrôler

- ♥ vous avez décidé constamment sans vraiment vérifier vos besoins
- ♥ vous avez décidé pour les autres sans vérifier leurs besoins
- ♥ vous avez eu des attentes sans entente préalable
- ♥ vous avez donné en espérant recevoir.»

– Mais, on nous a toujours enseigné d'aimer les autres et de s'oublier pour eux. Comment puis-je développer maintenant l'amour de soi? s'étonna Catherine.

– Vous êtes très nombreux à avoir l'amour en vous et à ne pas le diriger envers vous-mêmes. Comment pouvez-vous réussir à vous aimer si vous aimez trop les autres? Vous ne pourrez jamais faire un choix pour vous. Il va falloir que vous appreniez le contraire, à vous aimer et à faire des choix.

«Aimer quelqu'un, c'est s'aimer soi-même. Vous êtes quelqu'un, arrêtez de toujours chercher à aimer les autres. Vous refusez de comprendre que, pour aimer, il faut être aimé, il faut s'aimer. L'un ne va pas sans l'autre et l'un ne va pas avant l'autre non plus. Commencez par vous aimer vous-même. Plus vous vous accepterez telle que vous êtes, plus vous réglerez les problèmes qui vous entourent de façon à être bien avec vous-même et plus vous attirerez des gens qui souhaiteront l'être avec eux-mêmes. Vous devez vous aimer totalement.

Intriguée, Catherine chercha à en savoir plus sur l'amour véritable de soi.

– S'aimer totalement?

– S'aimer totalement, veut dire complètement. Qualités et défauts ne font qu'un et s'équilibrent, sachez-le. Si vous cherchez quelqu'un qui n'a que des qualités, je vous souhaite bonne chance! Vous ne trouverez même pas une personne qui n'ait que des défauts. Se respecter, c'est cela l'amour. L'amour et le respect de soi sont essentiels pour aimer les autres, sinon l'amour n'est pas possible. Apprenez à être vous-même, n'ayez pas honte d'être ce que vous êtes. Qui n'a pas de défauts? Nous en avons tous, mais ce qui est bien, c'est qu'ils sont fort différents les uns des autres. Nous allons vous conduire à l'amour de vous-même, à vous comprendre, à vous donner une chance de mettre en place votre réalité. Rappelez-vous : il faut que vous vous acceptiez avec vos défauts et vos qualités, et il faut accepter tout cela, ajouta-t-elle. Il ne faut plus subir, mais vous montrer telle que vous êtes. Votre capacité à vous aimer deviendra donc votre capacité à être vraie, à être vous-même.

— Mais n'y a-t-il pas un danger de tomber dans l'égoïsme ? interrogea Catherine.

— L'égoïsme, répondit Madame Lalumière, c'est de toujours aller vers les autres et de vous oublier, parce que la personne qui fait cela attend quelque chose en retour, ne serait-ce que de l'attention. En ce sens, vous ne serez jamais assez égoïste parce que, si vous vous aimez de façon inconditionnelle, vous aimerez les autres parce qu'ils seront comme vous, capable de s'aimer.

« L'égoïsme, c'est d'aimer trop les autres et de ne pas s'apprécier ; c'est de tout donner aux autres sans se donner la chance de vivre. C'est aussi apprendre à donner pour avoir bonne conscience, pour être dégagé psychologiquement et pour se libérer de soi-même en ignorant les conséquences. L'égoïsme, c'est de voir quelqu'un d'autre à la place de soi parce que nous avons mis de côté la réalité de notre vie, notre âme. L'égoïsme, c'est de trop regarder ce qui nous entoure et ne pas se voir. Ce que je vous dis est simple : l'égoïsme pur est un manque d'ouverture vers soi et une trop grande ouverture vers les autres.

Catherine était étonnée, mais écoutait avec attention l'enseignement de Madame Lalumière qui poursuivait :

— Nul ne peut donner sans recevoir, vous comme les autres. Tant que vous n'aurez pas vraiment compris que vous passez en premier et tant que vous n'aurez pas réglé ce qui vous empêche d'être première, vous serez deuxième. Il faut comprendre que, pour éviter de jouer le jeu des autres, il faut jouer son propre jeu.

— Ça me rappelle une phrase : « charité bien ordonnée commence par soi-même », interrompit Catherine.

– La charité, c'est être assez bon envers soi-même pour s'accorder une vie paisible, approuva Madame Lalumière. La charité, c'est l'amour de soi. La vraie charité est basée sur l'amour en chacun de nous, sur nos réalités vraies. La charité, c'est s'accorder la force nécessaire pour reconnaître l'amour qu'on a de soi-même. Elle n'a rien à voir avec votre prochain parce que l'amour qu'aura votre prochain ne sera jamais que l'équivalent de votre amour pour vous-même. Apprendre à aimer, c'est apprendre à recevoir de soi-même et des autres, pas le contraire.

– Ne devions-nous pas avant tout aimer notre prochain comme nous-mêmes? demanda Catherine.

– Effectivement, on vous a appris qu'il fallait d'abord aimer votre prochain comme vous-même. Je vais vous étonner, mais c'est le contraire qui a été dit, c'est-à-dire aimez-vous vous-même comme vous pourriez aimer votre prochain. Comment pourriez-vous donner l'amour si vous ne l'avez pas? Aimer son prochain comme soi-même ne sous-entend-il pas de s'aimer soi-même? Soi-même veut dire vous et votre âme, pas celle de l'autre, mais la vôtre.

– Quel impact cet amour de soi aura-t-il sur moi?

– Si vous vous aimez pleinement, si vous vous acceptez pleinement, vous serez constamment en contact avec votre âme. Le secret, c'est apprendre à laisser venir et à reconnaître, surtout à profiter de la vie, ce que vous n'aviez pas fait dans le passé. L'amour de soi, c'est l'acceptation de tout ce que vous avez été, de tout ce que vous avez accompli depuis votre naissance et de tout ce que vous êtes actuellement.

– Et qu'en est-il de notre besoin d'être aimé, d'être reconnu?

– Le deuxième besoin, après celui de se nourrir, c'est celui d'être aimé et d'être reconnu. Vous basez toute votre vie sur ce besoin, en cherchant à trouver des gens qui pourraient vous apprécier et, plus que cela, vous aimer. C'est l'amour de soi qu'il faut développer en premier. Si cela vous a été inculqué lorsque vous étiez jeune, c'est plus facile, bien sûr. Si ce n'est pas le cas, si vous avez appris à aimer les autres avant vous-même, alors sur quoi vous baserez-vous pour vous aimer? Sur quel amour? Sur quelles valeurs?

Madame Lalumière fit une pause permettant à Catherine de réfléchir sur ces questions. Puis, elle reprit:

– L'amour inconditionnel, c'est accepter de ne pas être parfait et, surtout, d'avoir des défauts et les qualités qui y sont rattachées. C'est aussi être capable de vivre pour soi, de se gâter de temps à autre; c'est être fier de soi parmi les autres. Au lieu de chercher à sortir avec les autres, sortez avec vous-même; faites-en une gâterie personnelle. La première chose que vous devriez faire en vous éveillant, c'est prendre conscience que vous vivez.

«Personne n'a réussi à aimer les autres avant de s'aimer lui-même. Cela veut dire qu'il faudra que vous appreniez à faire quelque chose pour vous, et surtout à le ressentir comme étant juste pour vous. Apprenez aussi à vous faire de petits plaisirs de temps à autre. Vous en viendrez tranquillement à en avoir le goût. Et lorsque vous serez encore plus heureuse, ceux qui vous entoureront le seront plus également, comme une roue qui tourne.

Madame Lalumière perçut alors une interrogation intérieure de Catherine.

– Être seule avec vous-même? Soyez sans crainte, vous ne le serez jamais, la rassura-t-elle. Mais il vous faut avoir du temps pour vous et ressentir que c'est pour vous. La nourriture de l'âme, c'est la conscience de vivre que vous lui insufflerez. C'est aussi la liberté que vous vous accorderez. Donc, pour réussir dans cette vie, il faut que vous appreniez à vous adapter à votre réalité propre. Donnez à votre âme et elle vous le rendra, avec amour. Vous êtes votre âme. Le but de la vie n'est pas d'abord matériel, c'est la fusion entre l'âme et vous.

«L'âme a choisi votre forme pour vivre. C'est vous qu'elle a choisie, pas quelqu'un d'autre! Votre premier but, c'est donc vous. Prenez le goût de vous aimer comme jamais auparavant. Commencez à vous demander dès maintenant: «que puis-je faire pour mon plaisir aujourd'hui?» et surtout «quand me le permettrai-je?» Pendant votre séjour à notre auberge, vous aurez toutes les occasions d'approfondir ces notions. Et surtout, vous vivrez des expériences très intéressantes qui vous aideront à vous aimer vraiment, car vous êtes déjà en route vers votre âme.»

Catherine avait réussi à noter l'essentiel de l'enseignement de Madame Lalumière. Elle manifesta le désir de se retirer pour le reste de la journée afin de réfléchir à tout cela et de se reposer. Elle souhaitait découvrir tous les aspects du secret qui la conduiraient sur la route de son âme le plus tôt possible. Toutefois, elle se donna le droit de prendre un temps d'arrêt jusqu'au lendemain. Elle en profiterait aussi pour marcher dans la nature, pour sommeiller et faire un peu de lecture.

Madame Lalumière fixa la prochaine rencontre au lendemain, vers 9h00. Au programme: la suite de l'enseignement sur l'amour véritable de soi.

Chapitre trois

Le lendemain, Catherine se présenta à l'heure convenue à l'atelier, en excellente forme et prête à continuer son périple, accompagnée de son guide, Madame Lalumière.

– J'ai revu en détails toutes les informations que vous m'avez données sur l'amour véritable de soi et sur l'âme, amorça Catherine. Mais une question m'est venue: qu'elle est notre véritable raison d'être, nous, les humains?

– Nous sommes tous des âmes en évolution. Tout ce que notre âme veut réaliser ici, sur terre, c'est l'harmonie, le bonheur total. Le seul moyen d'y parvenir, c'est l'amour véritable de soi. Ce n'est pas par hasard si l'âme est située dans la région du cœur. En ouvrant notre cœur, nous aidons notre âme à évoluer.

– Aider notre âme à évoluer...? répéta Catherine sur un ton interrogateur.

– Tout ce qui s'appelle «vie» doit grandir. Grandir pour l'humain signifie «grandir intérieurement», précisa Madame Lalumière. C'est votre âme qui grandit tout au long de votre vie et non pas votre corps physique. C'est donc à chaque être humain que revient la tâche de se maintenir en santé physique, mentale et émotionnelle. Vous êtes ici sur terre pour veiller à votre propre évolution et non à celle des autres, vous êtes donc sur terre uniquement pour vous. Au fur et à mesure que vous développez ce grand amour en vous, vous dégagez une telle énergie que vos réactions face à votre environnement en sont complètement transformées. Évoluer, c'est devenir un être spirituel.

– Que voulez-vous dire par «être spirituel»?

– Un être spirituel est celui qui voit l'amour, ou Dieu, partout. Quand on dit que l'homme a été créé à l'image de Dieu, c'est ce que ça veut dire. Dieu a créé la terre et tout ce qui existe dans le cosmos. Nous sommes des manifestations de Dieu et nous pouvons créer tout ce que nous voulons dans le monde. Pourquoi plusieurs ne l'ont-ils pas fait jusqu'à maintenant? Parce qu'ils n'y croient pas. C'est la grande erreur de l'être humain: ne pas accepter cette puissance. À mesure que vous ferez des actes de foi, que vous commencerez à réaliser des choses extraordinaires, vous comprendrez ce que tout cela veut dire. En utilisant cette puissance en vous, vous réaliserez que vous pouvez manifester des choses très agréables. Nous sommes à l'ère de la spiritualité. Cependant, il n'est pas facile pour l'être humain d'aller en profondeur. D'une part, son orgueil est très grand et d'autre part, il éprouve de la peur.

– Croyez-vous que cette démarche en croissance personnelle me permettra vraiment d'aller en profondeur? s'inquiéta Catherine.

– Oui, toutefois vous en êtes à vos débuts en ce qui a trait à la croissance personnelle. Or, j'aimerais vous prévenir que vous pourriez expérimenter un certain bouleversement. Il est possible que vous ayez l'impression de ressentir toutes les fondations de votre être bouger, comme si tout allait s'écrouler. Mais ne vous inquiétez pas. Ce n'est qu'une illusion. Cet ébranlement sera la preuve qu'il se passe des choses à l'intérieur de vous.

«Une démarche en croissance personnelle vous aidera à maîtriser votre vie et vous permettra d'augmenter votre niveau de conscience. Le niveau de conscience humaine est en général faible et souvent l'être humain ne sait pas vraiment ce qu'il dit, fait ou pense. Tout ce qui se produit dans la vie a sa raison d'être, tel cet épuisement professionnel. Cette expérience survient pour que vous appreniez à vous aimer davantage. Ainsi, il n'y a jamais lieu de blâmer les autres car ce qui vous arrive présentement dans votre vie fait partie de votre plan de vie. Cela durera aussi longtemps que vous ne serez pas prête à l'accepter. Vous pouvez même résister toute une vie à une situation. Dès l'instant où vous accepterez que c'est quelque chose que vous avez dû semer puisque vous le récoltez, dès l'instant où vous vous poserez les questions suivantes: «Qu'est ce que j'ai à apprendre de cette expérience? De quelle façon puis-je m'aimer d'avantage grâce à cette expérience que je vis?», alors la situation qui était déplaisante se résorbera beaucoup plus vite. Tout ce qui vous arrive dans la vie est toujours passager, il n'en tient qu'à vous de décider que cela dure longtemps ou pas.»

«L'important est que chacun d'entre nous aille toujours vers un amour de plus en plus grand, surtout envers lui-même. La réalité, c'est la vie de votre âme, et non pas les événements dont vous êtes témoin ou auxquels vous participez ou les expériences que vous vivez à la recherche de l'amour véritable de soi. Comme nous créons constamment notre vie selon nos perceptions, nous la créons pour vivre des expériences, pour apprendre à nous connaître, pour découvrir ce que nous avons besoin de transformer. Ce que votre âme veut, c'est que vous utilisiez tout ce qui vous entoure pour vous aider dans votre cheminement, afin de vous mettre en contact avec le Dieu intérieur présent en nous tous, présent dans la nature et dans tout ce qui existe.»

– Si ma raison d'être est d'évoluer, si j'en prends conscience, si j'arrive à une certaine maîtrise de ma vie, comment en même temps puis-je contribuer au bonheur de mes proches? demanda Catherine quelque peu sceptique.

– Pour répondre à votre question, nous allons regarder ensemble la grande règle de la responsabilité: Notre *seule* responsabilité sur cette terre est notre propre évolution, c'est-à-dire faire des choix, prendre des décisions et en accepter les conséquences. Ainsi, vous êtes responsable de votre vie depuis votre naissance. Cela peut vous sembler invraisemblable, mais c'est vous qui avez choisi vos parents, votre milieu familial et même votre pays. C'est peut-être difficile à accepter, mais ça fait partie des notions de responsabilité.

«Tant qu'il vous restera un petit doute quant à votre responsabilité, vous ne pourrez changer les événements dans votre vie. Vous devez accepter et comprendre que vous êtes complètement responsable de votre vie. Si vous n'aimez pas les conséquences de vos décisions, vous devez d'abord les accepter, et ensuite les changer. Chère Catherine, il n'y a que vous qui puissiez créer votre vie. Votre grande responsabilité, c'est vous-même. Ainsi accepter que les autres soient responsables de *leur* vie, va de soi. La grande loi de la responsabilité fait partie de la loi d'amour. C'est une grande loi spirituelle qui touche l'être au plus profond de son âme. Chaque être humain est responsable de lui-même, de son *être* et de son *avoir*.»

— Bon, je veux bien admettre que je ne suis pas responsable du bonheur de mon époux et de mes filles, accepta Catherine. Mais que dois-je faire avec mon sentiment de culpabilité?

— Se sentir responsable du bonheur ou du malheur des autres entraîne un sentiment de culpabilité, expliqua Madame Lalumière. Si vous êtes une personne hypersensible qui se croit responsable de tout ce qui arrive aux autres, vous vous sentirez sûrement très coupable, et vous savez combien cet état rend inconfortable. Quand on fait des pieds et des mains pour les autres, on s'attend à ce que les autres fassent de même pour nous, non? Mais si ils agissent autrement, c'est le grand désappointement, la colère, la frustration.

— Alors cette règle de responsabilité ne s'applique qu'à moi? s'étonna Catherine.

— Il n'y a pas un être humain qui a été placé sur la terre pour être responsable du bonheur ou du malheur d'un autre être humain. Vous n'êtes pas responsable du bonheur ou du malheur de votre père, de votre mère, de vos enfants, de votre conjoint, de vos amis, de votre entourage... Vous êtes seulement responsable de l'attitude que vous avez envers ces gens, c'est-à-dire de votre perception des paroles, des gestes qu'ils posent envers vous. Chaque rencontre, chaque situation sont là pour vous apporter quelque chose: elles vous permettent d'évoluer.

Sur ces paroles, Madame Lalumière mit fin à cette deuxième période d'enseignement. Elle remit un document à Catherine et lui demanda de pratiquer l'exercice qui s'y trouvait.

Imaginez votre âme comme un petit soleil à l'intérieur de vous. Chaque fois que vous faites un acte d'amour, que vous vous donnez de l'amour, que vous ressentez de l'amour, que vous parlez avec amour, ce soleil grandit et devient une grande source de chaleur à l'intérieur de vous, une grande source de lumière. Plus ce soleil intérieur grandit, plus il commence à irradier sa lumière autour de vous. Cette lumière, cette chaleur ont le pouvoir non seulement de vous réchauffer mais aussi de réchauffer les membres de votre entourage. La lumière de votre soleil intérieur éclaire vos pensées, vos désirs, vos buts.

– Voilà, conclut Madame Lalumière, je crois que cela complète les notions sur l'amour véritable de soi et sur la règle de responsabilité. Nous avons effleuré la notion de culpabilité, nous y reviendrons. À la prochaine rencontre, je vous dévoilerai un autre indice pour retrouver la route vers votre âme. Et nous débuterons également la première séance d'écriture dirigée, dit-elle avec un petit sourire.

«Allez, reposez-vous maintenant... à demain, Catherine.»

Chapitre quatre

La troisième journée débutait à peine que déjà Catherine avait quelques questions à poser à Madame Lalumière.

– Hier soir, j'ai pris le temps de revoir les caractéristiques personnelles qui peuvent conduire à un épuisement professionnel et j'ai également revu l'ensemble des notes sur l'amour véritable et sur la loi de la responsabilité. Mais croyez-vous que tout cela me permettra vraiment de sortir de l'impasse dans laquelle je suis depuis plusieurs mois?

– Je comprends votre questionnement et il est très judicieux, la rassura son guide. Ayez confiance, la partie la plus importante de votre démarche débutera aujourd'hui par l'écriture dirigée. Toutefois, avant de commencer, nous devons aborder ensemble de nouvelles notions telles les croyances, les sentiments et les émotions. La compréhension de ces notions vous sera d'une grande utilité pour les étapes ultérieures. Êtes-vous prête à continuer?

– Oui, la notion des croyances m'intéresse particulièrement, répondit Catherine. Vous savez, au départ, je suis quelqu'un qui croit sans avoir vu et j'ai souvent une confiance aveugle en les gens.

– Vous allez comprendre tout de suite que cette notion est différente, ce sera plutôt en relation avec ce que vous croyez vraiment à l'intérieur de vous. Par exemple, si vous croyez que vous pouvez attraper la grippe parce que vous êtes installée dans un courant d'air, il se pourrait que vous en deveniez victime, alors qu'une autre personne qui serait assise près de vous et qui croirait que la grippe s'attrape par les pieds mouillés, ne l'aurait pas, même dans ce courant d'air. Voilà deux exemples de croyances différentes entre deux personnes.

«Ainsi, une croyance est une décision prise à la suite d'une expérience passée, pour nous empêcher de souffrir. C'est aussi une certitude qui est basée sur la perception d'un événement, bon ou mauvais, vécu au cours de notre enfance. Par la suite, cette croyance est enregistrée en nous pour toujours à moins que d'autres évènements nous amènent à la modifier. Si une croyance est bénéfique, elle nous aide à satisfaire nos désirs et nos besoins. Au contraire, si elle est préjudiciable, elle contribue à bloquer nos désirs et nous empêche d'obtenir ce que nous désirons dans la vie.»

– Je ne comprends pas comment on peut acquérir de bonnes croyances ne sachant pas si la décision prise sur le moment est bonne. Vous savez, c'est le genre de chose que l'on découvre par l'expérience, non?

– Prenons votre exemple. À la naissance, vous vous êtes jointe à votre frère et à vos sœurs dans une famille où votre mère était déjà très prise par les activités familiales et celles reliées au commerce de votre père. Vous n'êtes peut-être pas arrivée à un moment idéal et personne n'avait vraiment le temps de s'occuper de vous. Face à cette réalité, vous avez pu percevoir plusieurs facettes ou raisons à cette conjoncture. Vous vous êtes peut-être dit: «je suis de trop ou je suis à part des autres, je n'ai pas le temps d'être petite et je dois être grande tout de suite, je vais me rendre très utile pour qu'on se rende compte de ma présence, je vais aider maman et elle verra que je suis là», ou vous avez peut-être décidé de passer complètement inaperçue dans le brouhaha de toutes les activités quotidiennes. Si vous avez conclu, à ce moment-là, que personne ne vous aimait parce que les membres de votre famille n'avaient pas de temps à vous consacrer, cette pensée est devenue aussi forte que l'énergie que vous avez déployée pour l'entretenir. Devenue adulte, vous avez continué à répéter ces expériences parce que vous aviez décidé d'y croire lorsque vous étiez jeune. En devenant conscient de certaines de vos croyances, vous vous rendrez compte qu'elles sont devenues vos maîtres et dirigent votre vie sans que vous le sachiez.

«De plus, dès qu'une croyance nous dirige, nous vivons dans la peur, la peur que quelque chose de désagréable se produise si nous agissons contrairement à notre croyance. Nous ne sommes plus en contact avec notre âme, nous sommes dans la noirceur et nous ne sommes plus guidés par notre lumière intérieure. Nous avons toutefois le choix de vivre dans la lumière ou dans la noirceur, dans l'amour ou dans la peur, dans le bonheur ou dans le malheur. En mettant en lumière ou en ayant accès à vos croyances inconscientes, Catherine, vous comprendrez dans quelle mesure elles dirigent votre vie et si elles sont alimentées sans arrêt, à la suite des expériences que vous vivez».

– Alors, que puis-je faire pour prendre conscience de ces croyances qui pourraient ne pas être bénéfiques pour moi?

– Nous allons compléter ensemble un exercice qui vous aidera à mettre en lumière quelques-unes de vos croyances. Nous allons débuter à partir d'un problème que vous avez actuellement. Prenez quelques minutes pour réfléchir à une situation que vous désirez regarder de près ce matin?

Sans hésiter, Catherine mentionna que l'épuisement professionnel dans lequel elle se trouvait lui causait un problème majeur, soit une incapacité à travailler. Elle aurait aimé découvrir la croyance qui se cachait derrière cette condition.

– Qu'est-ce que cette incapacité à travailler vous empêche de faire et d'avoir dans votre vie? questionna Madame Lalumière.

– Elle m'empêche de gagner de l'argent, d'être utile aux autres, bref d'avoir une vie normale comme tout le monde.

– Qu'est-ce que cette incapacité de travailler vous empêche d'être dans votre vie présentement? précisa Madame Lalumière.

– Elle m'empêche d'être fière de moi et d'être active, répondit Catherine, un peu penaude.

– En répondant à cette question, Catherine, vous venez tout juste de me dévoiler deux besoins de votre âme dans votre vie présente, soit être fière de vous et aussi être active. J'ai maintenant une autre question qui pourrait être un peu plus difficile à répondre. Qu'est-ce qui pourrait vous arriver de désagréable si vous étiez toujours très fière de vous et aussi très active?

Catherine prit quelques instants pour réfléchir.

– Je crois que si j'étais toujours fière de moi et en mesure d'être très active, il ne pourrait pas m'arriver rien de désagréable.

– Je vais donc vous posez la question d'une autre façon. Si vous vous permettiez de toujours être très fière et très active, comment seriez-vous jugée ou comment vous jugeriez-vous?

Catherine prit de nouveau quelques minutes de réflexion puis répondit:

– Si j'étais toujours très fière de moi, on me jugerait comme une personne orgueilleuse, et si j'étais toujours très active, on dirait sûrement que je dérange tout le monde.

Madame Lalumière lui expliqua alors qu'elle venait de mettre en lumière deux de ses croyances, soit deux associations qu'elle avait enregistrées dans sa mémoire d'enfant et qui ne lui étaient peut-être pas bénéfiques aujourd'hui. La première: une personne fière est une personne orgueilleuse. La deuxième: quelqu'un qui est trop actif dérange tout le monde. Catherine réalisait maintenant que la première croyance avait mis en lumière une réaction de sa mère, et que l'autre était en relation avec son père. Elle comprit également qu'elles n'étaient plus bénéfiques dans sa vie et demanda à Madame Lalumière de quelle façon pouvait-elle corriger la situation.

– Il faut tout d'abord vous demander, étant la personne que vous êtes devenue aujourd'hui, si vous croyez vraiment encore à cela. Si oui, il vous faut les accepter en admettant qu'elles vous ont déjà été très utiles et en reconnaissant que vous n'en avez plus besoin. Ce qui est très important surtout, c'est de réaliser que même si vous vous empêchez d'être ce que vous voulez être, ce que vous craignez se produit. À partir de maintenant, tout doucement, vous allez faire des actions différentes de celles qui étaient reliées à vos anciennes croyances. Il faudra toujours vous rappeler que si elles reviennent, c'est que leurs intentions est vraiment de vous aider comme auparavant, au moment où vous en avez eu besoin.

«Au moment où nous prenons conscience que ces croyances sont là depuis notre enfance et que nous les avons gardées en mémoire pour éviter que des blessures se reproduisent dans notre vie, n'est-il pas probable qu'inconsciemment, nous éprouvions depuis ce temps de la rancune envers nos parents?»

Madame Lalumière expliqua à Catherine qu'au moment où ces expériences ont été vécues, durant son enfance, son petit enfant intérieur peut en avoir voulu à ses parents, toutefois cela est bien enfoui. Inconsciemment, nous créons dans notre vie de nouvelles expériences qui nous amènent à répéter ce à quoi nous croyons. Chaque fois que nous nous laissons diriger par nos croyances mentales, nous ne sommes pas en contact avec notre être, ce qui signifie que nous ne sommes pas maître de nous-mêmes. Dès qu'une croyance décide pour nous, la décision peut ne pas être bénéfique car nous devons être en contact avec notre âme pour connaître nos besoins.

– Maintenant, enchaînons avec le concept des émotions et des sentiments. Tout d'abord, permettez-moi de vous expliquer la différence entre les émotions et les sentiments. Si vous avez des questions, j'y répondrai par la suite. Ça vous va?

Catherine approuva et Madame Lalumière débuta ses explications.

– Une émotion est une activité mentale d'accusation déclenchée par une croyance. Elle est mise en mouvement par une pensée, une situation ou une parole. Un sentiment est une activité mentale d'observation mis en branle par un lâcher prise. Lorsqu'une personne vit une émotion, elle est agitée intérieurement et elle accuse l'autre, il lui faut un coupable. Elle est en réaction et elle veut contrôler, elle se coupe de ce qu'elle ressent et tout cela se passe sur le plan mental. Lorsque cette même personne vit un sentiment, elle observe l'autre en demeurant centrée sur ses besoins. Elle ressent l'autre, elle lâche prise et cela se passe sur le plan spirituel. Nous pouvons donc vivre à la fois des émotions de colère (accusation) et un sentiment de colère (observation). Nous pouvons vivre de la même façon une émotion de tristesse (accusation) et un sentiment de tristesse (observation)».

«En chaque être humain, sommeillent certaines émotions fondamentales telles la peur, la colère ou la tristesse. Lorsque ces dernières sont réveillées par une parole, un geste ou un événement qui les remettent en contact avec des blessures non cicatrisées de l'enfance, des réactions imprévisibles et irrationnelles peuvent survenir, et ainsi entraîner des conflits, de l'incompréhension et aussi de la violence. Elles peuvent même générer à leur tour d'autres situations malencontreuses amenant de la culpabilité, de la jalousie, de la honte, de l'inquiétude et du mécontentement».

– Comment peut-on composer avec nos émotions?

– Lorsqu'un conflit importune notre quotidien, nos émotions ligotent nos sens et notre raison. Nous devenons paralysés, découragés ou angoissés, et il se peut que nous nous laissions submerger par elles. Le premier pas consiste à accepter et à accueillir l'émotion que nous vivons. L'accueil et l'acceptation de cette émotion nous conduiront à un état de vulnérabilité, facilitant le contact avec notre être profond, notre âme. La vulnérabilité devient une grande force qui nous permet de retrouver notre authenticité.

«Dès que nous accueillons ces émotions et acceptons de les vivre même si elles nous submergent, sans éclabousser les autres, nous sommes en mesure d'exécuter des transformations essentielles en nous-mêmes».

– Que se passe-t-il alors? demanda Catherine, intriguée.

– Comme un soir de pleine lune, notre vision s'éclaire, (l'écriture aura le même effet) et nous nous apaisons. Notre respiration se calme et notre attitude s'adoucit. Cet apaisement se communique à tout notre être et le vent d'agitation créé par ces émotions se transforme en une brise légère. Nous devons lui donner toute la liberté pour s'exprimer, sinon elle risque de prendre de l'ampleur et de devenir une tornade ou un ouragan ravageant tout sur son passage, sans aucune distinction.

«Voyez-vous, Catherine, les émotions font partie intégrante de notre existence mais nous ne sommes pas obligés de les vivre comme des montagnes russes qui nous donnent des haut-le-cœur à chaque tournant. Il est certain que lorsque les émotions nous envahissent et que la peur prend le contrôle, le danger de nous éloigner de nous-mêmes, de ce que nous sommes fondamentalement, nous guette. Pour éviter le piège de l'autodestruction, il nous faut lâcher prise, entreprendre une démarche de pardon et développer ainsi un état de conscience supérieur».

– Une démarche de pardon? interrogea Catherine. Devrais-je retourner au confessionnal? se moqua-t-elle gentiment.

Madame Lalumière lui expliqua alors que par l'écriture dirigée, elle entrerait en contact avec les personnes qui l'ont blessée, car une blessure profonde se guérit, entre autres, en libérant la charge émotive liée à l'événement. L'écriture permet l'expression de cette souffrance et le fait de revivre cette douleur initiale amorce la libération de celle-ci. Si l'émotion est intolérable et que vous refusez d'être confronté à elle, elle risque de durer et de perdurer, vous laissant très fragile et vulnérable.

– En permettant à l'émotion de vous visiter dans toute son ampleur, compléta-t-elle, vous retrouverez la maîtrise de votre vie. Vous pourrez ainsi mieux affronter les adversités du quotidien en ne vous laissant plus submerger par une trop grande affectivité. La libération commencera à partir du moment où cette douleur sera acceptée. Par l'écriture, vous aurez accès à la souffrance et aux conflits que vous avez vécus en présence de ces personnes. Puis, viendra l'acceptation de la douleur. Il importe de ne pas nier l'existence ni la portée de la colère que vous ressentez probablement depuis bien des années car les émotions de l'enfance, de l'adolescence et du début de l'âge adulte, voire de l'âge adulte proprement dit, risquent d'avoir été refoulées et étouffées jusqu'à maintenant. Ici, vous disposez d'un environnement idéal et sécuritaire pour vous sentir vulnérable et exprimer votre colère, votre ressentiment et vos peurs.

«L'engagement et la discipline personnels seront les assises de votre démarche. Vous devrez vous fixer un choix clair et précis afin de donner priorité à certains aspects de votre vie. Certains exercices vous aideront à vous libérer le cœur, comme on dit. Il vous faudra être bonne et compréhensive envers vous-même, il ne faudra pas aller au-delà de vos forces».

Catherine avait bien compris la différence entre une émotion et un sentiment, ainsi que les notions sur le pardon. Toutefois, elle se demandait encore la différence entre exprimer une émotion et demander pardon.

— Il n'y a pas de différence car l'un de va pas sans l'autre, lui répondit Madame Lalumière. Pour exprimer une émotion dans l'amour, vous devez passer par le pardon des autres et le pardon de vous-même. Lorsqu'une émotion est présente, il y a toujours une accusation envers l'autre ou envers soi. Si quelqu'un insiste à continuer à en vouloir à l'autre ou à garder rancune, c'est lui qui vivra la plus grande souffrance et, dans certains cas, risque le développement d'une maladie.

— Retenir ou contrôler nos émotions peut nous rendre malades?

— Tout à fait, Catherine. Votre être, c'est-à-dire votre enveloppe spirituelle, est au centre d'un cercle, et autour de celui-ce, en couches superposées, se trouvent le corps mental, le corps émotionnel et à la fin, la dernière couche, le corps physique. De façon similaire à un oignon, votre être est enveloppé de ces trois couches dans le but de vivre des expériences dans le monde matériel. Lorsqu'un être est en harmonie, il sait reconnaître ses besoins. Par la suite, il utilise ses trois corps sur le plan matériel pour les manifester. C'est ainsi que le matériel est au service de l'être.

«Donc, le fait de retenir ou de contrôler ses émotions crée des blocages dans notre corps émotionnel qui est celui des désirs et des sensations, celui qui permet à l'être humain de désirer et de ressentir, deux étapes fondamentales pour pouvoir manifester dans le plan physique. Le corps mental, pour sa part, a été créé pour satisfaire les désirs du corps émotionnel, trouvant les moyens disponibles et nécessaires pour y arriver. Le mental utilise sa faculté d'analyser et de rationaliser dans le but d'aider le corps émotionnel à manifester quelque chose sur le plan physique. Tout ce que nous créons est fait à l'aide de ces trois corps, c'est-à-dire les corps mental, émotionnel et physique, qui nous permettent de vivre dans la matière».

– Nous vivons une émotion au moment où l'ego, qui est une création de notre plan mental, bloque un de nos désirs en nous disant que c'est mal, égoïste, ou inacceptable. L'ego, qui agit comme notre maître, empêche ainsi nos corps mental, émotionnel et physique de manifester l'amour véritable, c'est-à-dire de se donner le droit, et le donner aux autres, d'avoir des désirs, des limites et des peurs, sans porter de jugement ou d'accusation envers soi ou envers les autres. Dès que nous critiquons ou que nous accusons, nous savons immédiatement que nous avons laissé notre ego prendre le dessus».

«Ainsi, aussitôt qu'il y a un blocage intérieur, il y aura éventuellement un blocage au niveau physique, c'est-à-dire un malaise ou une maladie. La capacité plus ou moins grande de subir des émotions avant que cela affecte le corps physique dépendra de la réserve d'énergie de l'individu. Lorsque la personne a épuisé cette réserve, sa santé physique en est alors affectée. Cela pourrait aussi expliquer cet état de grande fatigue et de vulnérabilité que vous vivez depuis plusieurs mois».

«La maladie est donc le signal d'alarme envoyé par le corps physique, pour amener la personne à prendre conscience du besoin de s'occuper de ses émotions refoulées ou contrôlées et des croyances non bénéfiques qui causent ces émotions. Dès que nous ne vivons pas dans l'amour véritable de soi, dans l'amour inconditionnel, nous utilisons les pouvoirs de nos corps mental et émotionnel pour nous créer des croyances non bénéfiques ainsi que des émotions qui nous enlèvent finalement toute notre énergie».

«C'est donc la perception mentale que vous avez d'un incident ou d'une personne qui est responsable de l'émotion et non l'incident lui-même ou la personne en cause. Vous allez réaliser que le pardon sert à votre propre libération. Le fait de pardonner à l'autre n'est qu'une étape parmi les étapes nécessaires au pardon véritable. Vous n'avez pas le pouvoir de pardonner véritablement à une personne, elle seule a ce pouvoir. Toutefois vous pouvez lui demander pardon si vous l'avez accusée et que vous vous rendez compte que vous l'avez jugée injustement. Votre grand pouvoir à vous se situe au niveau du pardon de soi».

Catherine n'avait pas réalisé qu'en plus de pardonner aux autres, elle aurait aussi à se pardonner à elle-même. Elle demanda à Madame Lalumière de lui décrire les sentiments et les émotions que l'on peut expérimenter lorsque l'on est victime de trahisons, d'attaques personnelles ou de commentaires désobligeants.

– Lorsque vous êtes victime d'une offense, vous pouvez vous sentir soit trahie, diminuée, honteuse, fragile, anxieuse, abandonnée, coupable, rejetée, triste ou vous pouvez trouver cette situation complètement injuste. La perception de cet événement et de l'offense commise par une personne dépendra des blessures non guéries de votre enfance. Si vous demeurez dans le brouillard de la colère, de la tristesse et du ressentiment, vos blessures profondes demeureront inaccessibles et il vous arrivera constamment des expériences similaires avec les gens autour de vous. Prenez le temps de revenir à l'intérieur de vous-même, de respirer profondément, de demander d'être éclairée et dirigée dans une démarche de réflexion et de retour sur cet événement. Enfin, acceptez d'utiliser l'écriture dirigée comme un moyen libérateur.

«En acceptant de regarder ce que vous reprochez à l'autre, vous mettrez en lumière ce que vous avez reproché à vos parents et cela au cours de votre enfance, ouvrant ainsi la voie à une guérison intérieure. Votre vision, de moins en moins affectée par le voile de vos accusations constantes, s'éclairera alors pour vous permettre de vous libérer de vous-même. Pour parvenir à lever ce fameux voile et à dissiper de votre vie ces discordes, il vous faudra savoir pardonner».

Madame Lalumière marqua une pause, laissant à Catherine du temps pour assimiler tout cet enseignement. Puis elle reprit :

– Nous avons complété votre introduction au pardon. Nous continuerons d'élaborer sur ce sujet tout au cours de la semaine, au fur et à mesure que vous exécuterez vos sessions d'écriture. Avant de voir avec vous en détails toutes les modalités relatives aux prochains exercices que vous aurez à accomplir, je vous suggère de faire une détente dirigée, accompagnée d'une douce musique. Nous allons fermer les lumières pour faciliter votre détente. Si vous le désirez, vous pourrez écrire ce que vous aurez ressenti à la suite de cette détente. Cela vous convient-il ?

– Absolument, répondit Catherine. Une détente me sera assurément bénéfique.

Madame Lalumière tamisa la pièce et actionna le magnétophone.

– Cette détente dirigée porte le nom de *petit enfant*. Écoutez et détendez-vous, recommanda-t-elle à Catherine.

*   *   *

«Fermez les yeux et maintenez-les fermés jusqu'à la fin de l'exercice. Prenez maintenant une grande respiration, en partant du ventre vers vos poumons... retenez-la et expirez aussi longtemps que possible... Vous respirez profondément une deuxième fois, vous retenez, vous expirez lentement... Vous respirez une troisième fois, vous retenez, vous expirez longuement... maintenant vous pouvez respirer normalement».

«Concentrez-vous sur vos pieds... vos chevilles... vos mollets... vos genoux... vos cuisses... vos fesses... vous sentez que vos jambes sont de plus en plus lourdes... maintenant concentrez-vous sur vos mains... vos bras... vos coudes... et montez jusqu'à vos épaules... vos deux bras sont de plus en plus lourds...

portez maintenant votre attention à la base de votre colonne vertébrale... montez lentement le long de chaque vertèbre, en les entourant d'une belle lumière blanche, jusqu'à la nuque...»

«Concentrez-vous dans le bas du ventre... détendez tous les muscles de votre ventre... montez dans la région du plexus solaire, en haut du nombril... la poitrine... détendez tous vos muscles du cou... la mâchoire, la bouche et la langue... détendez vos yeux ainsi que tous les petits muscles autour de vos yeux... le front... et tout le cuir chevelu».

«Je vais maintenant compter de 21 à 1 pour vous aider à descendre davantage à l'intérieur de vous-même.

21...20...19...vous descendez en vous
18...17...16...vous continuez à descendre
15...14...13...vous descendez davantage
12...11...10...vous descendez plus profondément en vous
9...8...7...vous descendez toujours plus profondément
6...5...4...
3...2...1...vous êtes maintenant en contact avec une partie très profonde en vous».

«Dans cette partie profonde, vous vous voyez à l'âge d'un petit enfant de 5 ou 6 ans. Regardez profondément dans les yeux de l'enfant. Voyez le grand désir, la nostalgie, et réalisez qu'il n'y a qu'une chose que cet enfant veut de vous et c'est de l'amour».

«Alors étendez les bras et embrassez cet enfant. Tenez-le avec amour et tendresse... Dites-lui combien vous l'aimez et combien vous êtes profondément concerné à son sujet... Admirez tout de cet enfant et dites-lui qu'il est permis de faire des erreurs en apprenant. Ces erreurs sont tout simplement des expériences nécessaires pour apprendre... Promettez-lui que vous serez toujours là».

«Maintenant, voyez ce petit enfant devenir de plus en plus petit, jusqu'à ce qu'il puisse tenir dans votre main... Ensuite placez-le dans votre cœur pour qu'à chaque fois que vous regardez vers le bas, vous puissiez voir son petit visage qui vous regarde et pour que vous puissiez lui donner beaucoup d'amour».

«Maintenant, toujours dans cette partie profonde en vous, visualisez votre mère comme une petite fille de 4 ou 5 ans, qui a peur, qui cherche de l'amour et qui ne sait pas où en trouver».

«Étendez les bras, serrez cette petite fille contre vous et dites-lui combien vous l'aimez et combien vous êtes profondément concerné à son sujet. Laissez-lui savoir qu'elle peut compter sur vous pour l'aimer pour toujours, quoiqu'il arrive».

«Quand elle se calme et commence à se sentir en sécurité, laissez-la devenir de plus en plus petite jusqu'à ce qu'elle tienne dans votre main. Placez-la dans votre cœur, avec votre propre petit enfant. Laissez-les se donner beaucoup d'amour».

«Maintenant, toujours dans cette partie profonde en vous, imaginez votre père comme un petit garçon de 3 ou 4 ans, qui a peur, qui pleure et qui n'a personne pour lui donner de l'amour. Voyez les larmes qui coulent sur son petit visage car il ne sait quoi faire ni vers qui se tourner».

«Comme vous êtes maintenant devenu très habile pour réconforter les petits enfants, étendez les bras et embrassez ce petit enfant tout tremblant. Réconfortez-le. Bercez-le dans vos bras. Laissez-lui sentir à quel point vous l'aimez. Laissez-lui savoir que vous serez toujours là pour l'aimer. Quand ses larmes s'assèchent et que vous sentez la paix et l'amour dans son petit corps, voyez-le devenir très petit dans votre main et placez-le dans votre cœur pour que les trois petits enfants puissent se donner beaucoup d'amour».

«Laissez ensuite l'image s'effacer».

«Vous pouvez ressentir une grande chaleur dans votre cœur, une douceur, une tendresse pour l'enfant que vous êtes. Puisse cette chaleur changer votre façon dont vous parlez de vous-même et aussi ce que vous pensez de vous. Réalisez qu'à chaque fois que vous avez peur ou que vous avez de la peine, c'est le petit enfant en vous qui s'exprime et qui veut de la tendresse de vous. À ce moment-là, vous n'avez qu'à reprendre contact avec votre petit enfant en vous et le bercer».

«Pour terminer, prenez une grande respiration... Reprenez contact avec votre corps... Bougez vos jambes, vos bras et étirez-vous. Quand vous vous sentirez prêt, ouvrez les yeux lentement».

* * *

Catherine prit quelques minutes pour terminer en douceur l'exercice. Puis, elle écrivit ce qu'elle avait ressenti. Elle eut le désir d'en faire part à Madame Lalumière.

— Je n'ai pas eu de difficulté à reconnaître mon petit enfant intérieur. Toutefois, dans les cas de papa et de maman, j'ai vu deux enfants, je les ai placés dans mon cœur, mais je ne suis pas arrivée à faire le lien entre ces deux petits enfants vulnérables et mes parents!

Madame Lalumière lui conseilla simplement d'accepter ce ressenti pour le moment. Puis, elle enchaîna:

— Êtes-vous prête maintenant à recevoir quelques explications sur les exercices d'écriture dirigée qui vous guideront à coup sûr sur la voie du pardon, qui vous apporteront une libération et qui vous permettront de poursuivre votre démarche pour retrouver la route qui mène à votre âme?

— Plus que jamais, je suis prête à poursuivre, répondit Catherine sans hésiter.

— Par un exercice de pardon véritable, nous pouvons guérir des blessures qui nous affligent et ainsi retrouver la route vers l'amour véritable de soi, la route vers son âme. Ces blessures viennent de notre passé, c'est-à-dire de la perception de la forme d'amour que nous avons reçue de nos parents entre la naissance et l'âge de sept ans. Souvenez-vous qu'il s'agit de la période de la petite enfance.

«La guérison de ces blessures viendra avec le pardon des autres (papa, maman et les autres) et le pardon de soi. Le moyen que nous utiliserons, tel que déjà mentionné, pour avoir accès aux différentes accusations de votre enfant intérieur sera l'écriture dirigée».

«Cette écriture se fera dans le but de vous donner accès à ces accusations et ce en débutant par les personnes de votre vie quotidienne et en retournant tout doucement vers tous ceux qui, dans votre vie, vous ont dérangée de quelque façon que ce soit, soit à qui vous avez quelque chose à reprocher, soit tous ceux avec qui vous avez vécu des émotions».

«Puisque vous êtes en période de repos pour épuisement professionnel, nous avions déjà statué qu'il nous faudrait tout d'abord regarder du côté du parent du même sexe, soit votre mère, le sexe féminin, et par l'écriture nous réussirons à bien cerner l'ensemble des accusations que vous avez à formuler aux femmes de votre vie».

«Cet exercice, bien connu en psychologie, permet de libérer les émotions liées à un conflit. Par l'écriture, chaque individu peut avoir accès à son âme, dénouer ainsi toutes les toiles d'araignée qui y ont été tissées tout au cours de son enfance et finalement aboutir à la guérison de ces blessures et y retrouver la paix et la liberté intérieures.

«Voici donc la première étape que vous devrez compléter pour notre rencontre de demain: dressez une liste des femmes avec qui vous avez vécu des situations conflictuelles et envers qui vous éprouvez du ressentiment, de la colère, de la tristesse, de l'agressivité, de la rancune, de la vengeance ou peut être de la haine. Vous devez inclure dans cette liste toutes les femmes qui vous ont dérangée d'une façon ou d'une autre».

«Ces femmes peuvent être une sœur, une associée, une fille, une amie, une patronne, une propriétaire, une consœur de travail, une tante, une grand-mère, une voisine, une figure d'autorité, ou tout autre femme qui a traversé votre vie à un moment quelconque et qui y a laissé des traces. Allez, à vous de jouer, maintenant».

Madame Lalumière et Catherine mirent fin à cette rencontre et s'entendirent pour reprendre le lendemain, dans la matinée. Seule dans sa chambre, Catherine se questionnait. Y avait-il vraiment des femmes à qui elle en voulait ...?

Chapitre cinq

Catherine avait découvert, avec étonnement, que contrairement à ce qu'elle avait toujours cru, plusieurs femmes avaient marqué sa vie d'une quelconque façon et qu'elle avait des reproches à leur formuler. C'est avec facilité qu'elle avait d'ailleurs dressé la liste de ces femmes.

Elle se présenta à l'atelier, liste à la main. Madame Lalumière consulta avec Catherine cette liste qui décrivait également le rôle que les femmes en question avaient joué ainsi que le nombre d'années au cours desquelles Catherine les avaient côtoyées.

On y retrouvait :

- Jocelyne, une amie et consœur de travail, pour qui elle avait effectué certains travaux de comptabilité pendant une période de 18 mois.

- Thérèse, propriétaire d'un salon de coiffure, qu'elle avait côtoyé pendant trois ans.

- Claudette, une amie, présidente d'un centre de loisir, pour lequel Catherine avait œuvré comme secrétaire, durant une période de 7 ans.

- Micheline et Gisèle, ses deux sœurs, et sa cousine Josée avec qui elle entretenait des relations plus ou moins satisfaisantes.

– Il y a eu sûrement d'autres femmes avec qui j'ai pu vivre certains accrochages, ajouta Catherine, mais c'était passager. J'ai bien réfléchi et je crois cette liste très représentative des expériences négatives que j'ai vécues au cours des vingt dernières années. J'ai remarqué également, en complétant ce document, que certaines relations m'avaient fait dépenser énormément d'énergie et s'étaient terminées soit dans la colère, soit dans la déception.

– Bien, approuva Madame Lalumière. Nous avons maintenant complété la première étape du travail. J'aimerais enchaîner avec la suite des explications afin que cet exercice d'écriture dirigée soit libérateur pour vous.

«1. Tout d'abord vous pouvez maintenant choisir d'écrire à celles qui sont dans votre vie depuis peu de temps (ce que je privilégie) ou à celles qui sont dans votre vie depuis une plus longue période».

«2. L'exercice d'écriture se déroulera comme suit:

♥ Vous débuterez en racontant en détails l'histoire de la situation que vous avez vécue avec cette femme qui est passée à un moment donné dans votre vie. Cette histoire devra inclure tous les faits ainsi que ce que vous avez ressenti au moment où vous avez côtoyé cette personne.

♥ Vous devrez décrire tous les sentiments et toutes les émotions que cette personne vous a fait vivre et que vous avez l'opportunité de partager avec elle.

♥ Présentez ces pensées et ces sentiments avec clarté, en exprimant véritablement toutes les émotions que ces situations vous ont fait vivre: agressivité, colère, déception, rancune, ressentiment et autres.

♥ Partagez vos vérités avec l'autre tout en ouvrant votre cœur.

♥ Soyez douce, permissive et compatissante envers vous-même. Donnez-vous le droit d'exprimer toutes ces émotions et acceptez de reconnaître qu'elles sont le fruit authentique de votre expérience. La traduction de votre colère en affirmations claires inclura toutes les accusations à l'autre».

«3. Vous imaginez le scénario suivant :

♥ La personne est assise devant vous et elle vous autorise à exprimer tout que vous avez le désir de dire.

♥ Elle promet de ne pas vous interrompre et vous donne ainsi tous les droits de vous exprimer.

♥ Vous lui dites ce qui vous a fait souffrir et l'impact que cette offense a eu sur vous et sur votre vie.

♥ Vous lui confiez les émotions ressenties suite à cette expérience et comment vous vous percevez depuis.

♥ Votre lettre doit donc inclure toute votre histoire détaillée avec cette personne, depuis que vous la connaissez, et l'ensemble des émotions que vous avez vécues à son contact.

♥ Lorsque vous avez le sentiment d'avoir exprimé sur papier toutes vos réactions de colère, de tristesse, de dépit, de frustration, de découragement et de déception, terminez votre lettre en faisant connaître à cette personne vos intentions futures.

♥ Mettez de côté cette lettre, ne la relisez pas et ne la lui postez pas».

«4. Voici maintenant la méthode privilégiée :

♥ Allumez un cierge et brûlez un bâtonnet d'encens pour purifier le lieu où vous êtes.

♥ Laissez-vous envahir par une douce musique que vous aurez préalablement choisie.

♥ Assoyez-vous confortablement à votre table de travail et écrivez cette lettre à cette femme qui vous a blessée ou qui vous a dérangée».

«5. Je vous laisse ici un document avec la marche à suivre et je serai à votre disposition aujourd'hui si vous avez des questions».

«Vous êtes libre maintenant. Bonne séance d'écriture, allez à votre rythme, gardez-vous du temps pour faire de l'exercice dans notre belle nature et reposez-vous bien».

Catherine quitta Madame Lalumière et se dirigea vers la salle que l'on avait justement nommée «Salle de libération de mon être». Tout y avait été mis en place pour les exercices d'écriture dirigée. Accompagnée d'une douce musique, elle s'installa confortablement et prit quelques minutes pour relire le document explicatif. Elle décida d'écrire d'abord à Jocelyne, cette *supposée* amie pour qui elle avait effectué certains travaux. Cette relation s'était terminée très récemment et lui avait laissé des traces d'amertume.

Catherine prit sa plume et écrivit :

Bonjour Jocelyne.

Comme tu m'autorises à tout te dire et que je sais que je ne serai pas interrompue, voilà en détails toute cette histoire qui nous concerne toutes les deux. Je croyais être ton amie, mais à partir du moment où j'ai accepté d'effectuer des travaux de comptabilité pour toi, j'ai dû constater que tu ne t'étais jamais montrée sous ton vrai jour.

Toi qui ne connaissais rien aux chiffres, tu t'es permis, à chacune de mes visites chez toi, de me faire des commentaires sur ma façon de travailler. Je t'ai détestée. Tu as profité de moi, tu m'as fait mal à chaque fois que je t'ai vue. Pourquoi, avec toi, n'étais-je pas capable d'être vraie, d'être moi avec mes faiblesses et mes forces? Tu m'as toujours fait perdre mes moyens, tu me déstabilisais à chaque fois. Tes grands airs de femme qui connaît tout, qui sait tout, ton indifférence avec moi, m'ont blessée, m'ont remplie de chagrin, m'ont démolie. Je n'avais pas besoin d'une personne comme toi dans ma vie. Tu m'as fait croire que j'étais ton amie, mais tu m'as mentie. Une amie, ça n'agit pas comme cela. Tu me sentais vulnérable et tu en as abusé.

C'est fini maintenant. Reste avec tes problèmes et moi, je vais m'arranger avec les miens. Je ne te veux plus dans ma vie, sous aucune considération, je n'ai vraiment pas besoin de toi. Qui étais-tu pour me rabaisser de la sorte?

Je prends le temps de t'écrire parce que tu n'es pas arrivée dans ma vie pour rien. Je n'ai pas pu supporter ton attitude envers moi et j'ai détesté ta façon d'agir avec moi. Je n'étais pas un objet dont tu pouvais disposer comme tu l'entendais. Je suis Catherine, avec des sentiments, avec une âme. Dorénavant, je ne veux plus que personne ne me traite comme toi tu l'as fait. Tu m'as connue à une période de ma vie où j'étais plus vulnérable. Laisse-moi te dire que tu ne m'as pas aidée du tout. J'ai voulu te rendre service et te dépanner, comme une amie l'aurait fait, vois où cela m'a menée.

Ta comptabilité, j'ai un jour décidé de ne plus la faire et tu as dû te débrouiller pour trouver quelqu'un d'autre. Je mérite beaucoup mieux que cela. Merci pour l'argent que j'ai reçu de toi, cela m'a permis de me choyer un peu, mais le prix à payer était trop élevé, je n'ai pas pu continuer.

J'ai été très longtemps tourmentée par notre histoire. Je me suis posée mille et une questions. Je m'en voulais parce qu'à un certain moment, Jacques, mon conjoint, m'a blâmée car ton mari avait changé d'attitude vis-à-vis lui. À cette époque, ses propos m'ont tellement bouleversée. Mais un beau matin, j'ai tourné et retourné tout cela dans ma tête, et je me suis dis: «qui est le plus important? Moi ou son mari?» Ma réponse a été simple, j'étais la plus importante. J'ai aussi compris que tu étais rattachée à ce que j'avais vécu auparavant, étant donné qu'à chaque fois que je rendais service de tout mon cœur à quelqu'un, cela se retournait contre moi.

J'ai appris que je ne le faisais pas avec mon cœur, je le faisais pour que l'on m'aime. Mais le résultat était tout le contraire. Je viens de comprendre que j'aurais dû dire non tout de suite et m'éviter toutes ces émotions inutiles. J'ai dû faire face à ta colère lorsque je t'ai annoncé que je n'avais plus l'intention de travailler pour toi. Tu as essayé de me culpabiliser, mais ça n'a pas marché. Je reconnais donc maintenant, que faire face à des personnages de ton genre m'a toujours demandé beaucoup de courage. Tu as passé très peu de temps dans ma vie, mais tu y as fait beaucoup de ravage.

Catherine avait complété sa lettre à Jocelyne et elle se sentait bouleversée. De nombreuses questions surgissaient en elle: «De quoi ai-je peur?» «Qu'est-ce qui me dérange?»

Elle demanda à rencontrer Madame Lalumière pour lui faire part de ce qu'elle ressentait suite à l'écriture de cette première lettre. Cette expérience avec Jocelyne était très récente et elle était encore très fragile. Elle se sentait bien d'avoir vraiment exprimé ce qu'elle avait vécue. Elle était aussi curieuse de connaître la prochaine étape de cette démarche de libération de son passé.

Elle retourna à l'atelier et fut bientôt rejointe par Madame Lalumière. Cette dernière prit connaissance de la lettre écrite par Catherine qui en profita pour lui expliquer qu'elle se sentait dégagée après cette exercice d'écriture mais, qu'en même temps, elle était perturbée. Madame Lalumière lui conseilla de se donner le droit de se sentir à la fois libérée et dérangée. Au fur et à mesure que se dérouleraient les exercices d'écriture, son niveau de conscience changerait et la lumière se ferait.

– Bon, la seconde étape est la liste des accusations, annonça Madame Lalumière. Vous mettez ces écrits de côté et sur une nouvelle feuille, vous écrivez toutes les accusations que vous désirez faire à cette personne à la suite des évènements que vous avez vécus. Par exemple : Jocelyne, je t'accuse de m'avoir ridiculisée ; Jocelyne je t'accuse de m'avoir trahie ; Jocelyne je t'accuse de m'avoir manquée de respect, etc. N'oubliez pas qu'il peut s'agir d'une relation de quelques minutes, de quelques heures, de quelques mois ou même de plusieurs années. Selon la durée de la relation, la liste des accusations peut varier.

Sans plus tarder et toujours imprégnée des sentiments qu'elle avait éprouvés, elle dressa cette liste :

— *Jocelyne, je t'accuse de m'avoir fait mal*

— *Jocelyne, je t'accuse de m'avoir fait pleurer*

— *Jocelyne, je t'accuse m'avoir fait sentir que je ne suis rien*

— *Jocelyne, je t'accuse de m'avoir dominée*

— Jocelyne, je t'accuse de m'avoir mentie

— Jocelyne, je t'accuse d'avoir profité de moi

— Jocelyne, je t'accuse d'avoir abusé de moi

— Jocelyne, je t'accuse d'être hautaine

— Jocelyne, je t'accuse d'être arrogante

— Jocelyne, je t'accuse d'avoir été indifférente avec moi

— Jocelyne, je t'accuse de m'avoir ignorée

— Jocelyne, je t'accuse d'être toujours au-dessus de la situation

— Jocelyne, je t'accuse de m'avoir achetée avec ton argent

— Jocelyne, je t'accuse d'avoir joué avec mes sentiments

— Jocelyne, je t'accuse de ne pas être vraie

— Jocelyne, je t'accuse de t'être servie de moi

— Jocelyne, je t'accuse d'avoir abusé de ma bonté

— Jocelyne, je t'accuse d'avoir laissé croire que j'étais ton amie

— Jocelyne, je t'accuse de ne pas m'avoir écouter

— Jocelyne, je t'accuse de ne pas avoir considéré mes besoins

— Jocelyne, je t'accuse de t'être imposée dans ma vie

— Jocelyne, je t'accuse d'être venue troubler ma vie

— Jocelyne, je t'accuse de m'avoir imposé tes idées, tes choix

— Jocelyne, je t'accuse de m'avoir fait douter de mon intelligence

— Jocelyne, je t'accuse de m'avoir imposer tes horaires

— Jocelyne, je t'accuse de dire que je ne n'ai pas été correcte avec toi

— Jocelyne, je t'accuse d'avoir dit que je n'avais pas de courage

— Jocelyne, je t'accuse de m'avoir blessée

— Jocelyne, je t'accuse d'avoir voulu me faire sentir coupable

– Votre liste est-elle complète maintenant? Alors, nous allons terminé cette rencontre ainsi, annonça Madame Lalumière. Vous êtes maintenant prête à écrire une prochaine lettre, impliquant une autre personne de votre liste et vous pourrez également compléter la liste des accusations. N'oubliez pas que vous ne devez jamais relire ces histoires; vous les mettez sur papier pour vous libérer et vous n'avez pas à les consulter ultérieurement. Vous ne devez pas non plus vous en servir pour compléter votre liste d'accusations.

– Je commence à mieux comprendre cette démarche. Toutefois, je dois dire que je ne suis pas prête à pardonner à Jocelyne pour tout le mal qu'elle m'a fait.

– C'est très bien, vous devez suivre votre rythme et le respecter, lui conseilla Madame Lalumière. Nous poursuivrons l'enseignement sur la notion du pardon demain matin. Cela vous aidera sûrement à mieux vous sensibiliser et à vous préparer, tout doucement, à aboutir éventuellement à l'étape du pardon.

Elle souhaita à Catherine une bonne session d'écriture et la quitta.

*   *   *

Après deux heures de repos, Catherine décida de poursuivre sa démarche de libération et choisit d'écrire à sa sœur aînée, Micheline. Elle retourna donc dans la salle prévue à cet effet et commença à écrire.

Aujourd'hui Micheline, j'ai réfléchi sur la relation que j'ai avec toi, et je me donne le droit de te dire ce que j'ai sur le cœur depuis longtemps. Tes grands airs de maîtresse d'école me tapent sur les nerfs. Tu es tellement glaciale et autoritaire! Tu t'es souvent imaginée être ma mère, j'en ai eu une mère, pas besoin de deux, alors décroche. Tu contrôles tellement que tu fais peur à tout le monde. Tu es colérique et soupe au lait. Combien de fois ai-je essayé de te faire plaisir? Personne ne peut dialoguer avec toi, tu as toujours raison, cela m'énerve. Tu es toujours ailleurs quand je te parle. C'est facile de partir dans les nuages, cela dérange moins. Tu ne réfléchis pas lorsque tu parles. Combien de fois m'as-tu blessée? Tu as dit des choses sans réfléchir. Quand tu as ridiculisé mon ami Robert, tu m'as fait beaucoup de peine. Je déteste lorsque tu m'appelles «la petite chieuse», je regrette mais j'ai maintenant 33 ans, et je ne suis plus petite dans tous les sens du mot. Je ne veux plus en aucun cas que tu m'appelles comme cela. Je te l'ai déjà dit pourtant. Arrête de penser que tu es supérieure à moi parce que tu es plus vieille que moi. Cela ne veut rien dire. Arrête d'être rigide dans tout. Lorsque j'étais petite, tu as tellement crié après moi que je garde encore cette peur en moi. Tu m'intimides et me gênes, pourtant tu es ma sœur.

Pourquoi ne suis-je pas arrivée à te cerner, à te comprendre? Quelques fois, tu es pleine de gentillesse, et d'autres fois, tu me fais peur. Tu changes d'humeur à tout instant. Il faut toujours que je sois sur mes gardes avec toi. Je ne sais jamais comment tu vas réagir.

Voici maintenant, Micheline, de quoi je t'accuse:

— Micheline je t'accuse de m'avoir fait du mal

— Micheline je t'accuse d'être autoritaire avec moi

— Micheline je t'accuse de te prendre pour ma mère

— Micheline je t'accuse de me contrôler

— Micheline je t'accuse de ne pas m'écouter

— Micheline je t'accuse de m'avoir fait pleurer

— Micheline je t'accuse de me dominer

— Micheline je t'accuse de profiter de moi

— Micheline je t'accuse d'abuser de moi

— Micheline je t'accuse de m'ignorer

— Micheline e t'accuse d'être indifférente

— *Micheline je t'accuse de me donner des ordres*

— *Micheline je t'accuse de me faire faire les choses à ta place*

— *Micheline je t'accuse de me faire trembler devant toi*

— *Micheline je t'accuse de jouer avec mes sentiments*

— *Micheline je t'accuse d'être dure*

— *Micheline je t'accuse de ne pas être vraie*

— *Micheline je t'accuse de te servir de moi*

— *Micheline je t'accuse d'abuser de ma bonté*

— *Micheline je t'accuse de m'avoir blessée*

— *Micheline je t'accuse de ne pas toujours me respecter*

— *Micheline je t'accuse de me faire sentir coupable*

Après avoir relu sa liste, Catherine se rendit compte de quelques répétitions entre les accusations qui s'appliquaient à Jocelyne et celles à sa sœur aînée Micheline. Elle aurait sûrement à regarder cela de plus près dans les jours qui suivraient. Comme il lui restait un peu de temps, elle décida de marcher dans la nature. Catherine constata qu'elle avait un peu plus d'énergie qu'à son arrivée à l'auberge. Elle considérait cela de bonne augure. Elle espérait recevoir un nouvel enseignement dans la matinée suivante, sur la libération ou la guérison de l'âme par le pardon véritable.

Chapitre six

Tôt le lendemain matin, Madame Lalumière invita Catherine à se joindre à elle dans le jardin, près du phare. La température était radieuse et le soleil, resplendissant. On entendait le chant des oiseaux et on pouvait admirer les mignons oiseaux-mouches qui butinaient les fleurs. Madame Lalumière avait décidé de poursuivre son enseignement sur le pardon dans ce décor naturel. La vue du fleuve encourageait Catherine à ouvrir son cœur afin de mieux recevoir ces messages.

– Le pardon, débuta Madame Lalumière, fait appel à l'acceptation véritable de notre propre valeur comme être humain et à l'interprétation des expériences vécues comme des occasions de nous améliorer, de nous sensibiliser, de nous accepter véritablement, et enfin de cultiver la compassion. Le pardon est une attitude qui permet la guérison des blessures de l'enfance. Les êtres humains qui demeurent englués dans la colère, la rancœur, le sentiment de culpabilité et la honte, souffrent d'un blocage émotif et réduisent leur capacité à prendre leur vie en main. L'hostilité et le sentiment de culpabilité ont une influence sur la santé physique et la santé mentale des êtres humains. Le pardon amène la guérison de soi et améliore les relations personnelles.

«Le pardon peut déboucher sur la liberté et le soulagement. Il vous permettra de poser tranquillement votre tête sur l'oreiller, apaisera la douleur de votre estomac et atténuera la tristesse de votre cœur. Il vous permettra de vous libérer du carcan dans lequel la perception des actes d'autrui vous a emprisonnée. Il vous éveillera à votre bonté naturelle et vous rappellera que vous êtes digne d'amour. Il offre la promesse ferme que vous serez petit à petit capable de vous décharger des tourments émotifs pour vous sentir de mieux en mieux et profiter de votre vie, vous permettant d'atteindre une certaine paix intérieure».

«Le pardon est la réponse, la réponse divine implicite dans notre existence même».

– Quand faut-il pardonner? demanda Catherine

– Nous devons pardonner à chaque fois que l'on en veut à quelqu'un pour quelque chose et aussi à chaque fois que l'on s'en veut personnellement, car il ne faut surtout pas oublier le pardon à soi-même. Il faut pardonner aussi lorsque l'on croit qu'il y a eu une offense, et que l'on en garde rancune à une personne. N'oublions pas que nous pouvons nous sentir offensés sans que la personne en question ait eu l'intention de nous blesser. Il est très important de ne pas oublier que *avoir été offensé* et *se croire offensé* sont deux choses différentes. Il y a beaucoup de personnes qui gardent rancune et qui ne veulent pas véritablement lâcher prise sur quelque chose qui leur est arrivé. S'accepter et se voir tel que l'on est, c'est primordial. Vous devez réviser les choses que vous avez sur le cœur. Il vous faut prendre le temps de bien regarder et de bien exprimer ce que vous avez ressenti.

– Mais comment sait-on que quelqu'un ou quelque chose nous a profondément dérangé?

– Vous devez observer ce que vous pensez de cette personne ou de cet incident. Comment vous sentez-vous lorsque vous en parlez à quelqu'un d'autre? Est-ce qu'il y a une émotion qui en ressort? Si la réponse est oui, cela veut dire qu'il y a encore de la rancune, que quelque chose n'a pas été libéré.

– Si je me réfère aux deux lettres que j'ai écrites, il est évident que j'ai de la rancune envers Jocelyne et aussi envers ma sœur Micheline, avoua Catherine, songeuse. Que puis-je faire avec cette rancune?

– Il est essentiel en tout premier, de vous donner le droit de leur en vouloir, même s'il s'agit de quelqu'un de votre famille. Il est normal d'avoir de la difficulté à admettre que vous avez pu en vouloir aussi à vos parents. Prendre conscience de cette rancune et vous dire «oui, j'en ai voulu à quelqu'un et peut-être même à mes parents» et puis vous accorder le droit de leur en vouloir, sont les éléments de la première étape à vivre. Acceptez également de prendre contact avec l'amour qui se cache derrière cette rancune ou cette haine.

«À la deuxième étape, vous devez consentir à pardonner. Dès que vous ressentez le désir de le faire, il vous faut apprendre comment le faire. Parfois, nous avons pu vivre des offenses très graves, nous ne sommes alors pas obligés de ressentir l'amour sur commande. Si quelqu'un vous a offensé ou s'est montré injuste envers vous, et que vous lui en voulez, commencez d'abord par dire: «je veux lui pardonner, je ne sais pas comment je vais faire cela encore, mais j'ai vraiment le goût de le faire.» On commence ainsi déjà à pardonner à la personne à l'intérieur de soi».

«Lorsque l'on apprend à faire le pardon avec une personne, on apprend aussi à le faire avec toutes les personnes qui ont eu la même attitude avec nous. Si nous insistons ou refusons de pardonner, si nous gardons notre rancune et notre haine, cela sera dommageable pour nous et nous devenons en quelque sorte prisonnier de cette personne».

«Les accusations, les critiques et les jugements créent un lien invisible entre les personnes sur le plan mental. Le pardon a cette capacité de faire disparaître ce lien, c'est-à-dire de le transformer en une belle lumière. Pardonner redonne donc à la personne toute son énergie».

«Permettez-moi de vous résumer les principaux objectifs du pardon:

- ♥ Le pardon nous permet de remettre à neuf notre cœur brisé.
- ♥ Il délivre ceux qui sont prisonniers.

♥ Il lave notre cœur souillé de honte ou de culpabilité et lui redonne sa pureté originelle.

♥ Il nous permet de nous libérer du passé, nous ramenant sur la route de l'amour de soi.

♥ nous procure un sentiment d'exaltation et nous conduit à une vie plus paisible et plus heureuse».

«Le vrai pardon ne peut être offert si la colère et le ressentiment sont déniés, ignorés ou enfouis dans notre inconscient. L'écriture vous permettra d'avoir accès à ces émotions que vous avez enregistrées dans votre mémoire au cours de votre enfance. Le pardon nous demande seulement un changement de perception, un autre regard vers les gens et les circonstances qui vous ont blessée ou peinée».

– Quelle relation faites-vous entre la guérison de l'âme et le pardon véritable, demanda Catherine.

– Il est important d'apprivoiser la pardon et de l'accueillir comme un moyen de guérison de l'âme. Vous pouvez vous départir du lourd fardeau que vous transportez sur vos épaules et libérer votre cœur des tourments causés par des conflits conscients ou inconscients.

«Nous sommes tous à la recherche de cette paix intérieure. Toutefois, les différents voiles tissés par nos peurs et par nos doutes, nous empêchent d'avoir accès à cette liberté tant recherchée. Il vous est alors impossible de la vivre».

«La bonne volonté et le profond désir de pardonner sont les conditions essentielles à la réussite de cette entreprise. Il est toujours possible de tourner la page à un passé bouleversant et malheureux. Ainsi votre cœur retrouvera sa véritable raison de battre. En acceptant de plonger dans les eaux profondes du pardon, vous serez automatiquement en route vers votre âme».

«Vous devez donc parcourir le sentier de la libération pour que votre âme révèle ses qualités premières et pour qu'elle guérisse de ses blessures. Le rayon bienfaisant de la compassion et de l'amour illuminera les couloirs sombres de votre être et vous amènera vers une paix intérieure. C'est ce que l'on appelle la guérison ou la libération de l'âme».

«Il y a différents chemins que mènent à la libération de l'âme, quelques-uns passent par la souffrance, d'autres traversent le pardon, doucement et sans encombre, comme on franchit une rivière à gué».

«Nous cherchons tous, plus ou moins consciemment, à rendre notre existence plus harmonieuse, plus authentique, plus libre et spirituelle. Nous sommes devenus des êtres inquiets, déçus et confus, nous cherchons sans relâche la source du bonheur et de la joie à l'extérieur de nous-mêmes alors que les trésors de notre vie se cachent dans les replis mêmes de notre âme. Nous nous en éloignons en cherchant désespérément des sentiers pittoresques et alléchants et en vivant des expériences qui n'ont pas de sens. Dans cette quête effrénée, nous en venons à développer de la culpabilité et du ressentiment».

«Pour faire tomber les barrières de peur et de haine, vous devez entreprendre une démarche sérieuse de pardon. Vous devez utiliser votre courage et une certaine humilité pour entreprendre cette expédition au cœur de certains souvenirs douloureux. À la fin, votre horizon voilé par ces manques d'amour de soi s'élargira et laissera apparaître la lumière bienfaisante de la véritable paix intérieure».

«À partir du moment où le pardon étendra sa main bienfaisante sur votre âme blessée par la vie, vous verrez poindre les premières lueurs de l'aube. Les prémisses timides de votre guérison s'épanouiront dans une magnifique renaissance et votre être tout entier retrouvera la paix et la sérénité. Nous rêvons tous de briser les chaînes du ressentiment, de la jalousie, de la colère ou du désespoir qui nous lient aux autres».

– Ainsi, vous êtes d'avis qu'à la suite de ces exercices d'écriture et de pardon véritable, je pourrai retrouver un calme intérieur et une joie de vivre?

– Oui, Catherine. Car par le pardon véritable, vous allégerez le fardeau de souffrances qui pèse lourdement sur vos épaules, vous briserez le cercle de colère et de ressentiment qui entoure votre cœur, vous vous libèrerez des illusions et des scénarios que vous avez tissés autour d'un événement, vous guérirez votre âme blessée et repliée sur elle-même, vous retrouverez un cœur d'enfant libre et ouvert et vous referez le pont entre l'humain et le divin en vous.

«Le pardon apaisera votre âme et contribuera à votre guérison. De nombreuses guérisons de l'âme sont fréquemment rapportées dans différents livres ou magazines à la suite d'une démarche positive de pardon».

– Et j'imagine qu'il n'est pas nécessaire d'être très souffrant, de vivre un épuisement professionnel ou une maladie grave, pour entreprendre une telle démarche? déduisit Catherine.

– Non, il n'est pas nécessaire d'attendre que votre vie soit un champ de bataille ou qu'elle se résume à une vallée de larmes et une montagne de tourments pour entreprendre une telle démarche et envisager une solution à vos malaises. Dès qu'un conflit vous déchire intérieurement, vous devez passer aux actes. Il vous faut pratiquer immédiatement un acte concret de pardon.

«Le pardon est un don de soi. Renoncer à vos ressentiments et à vos petites vengeances personnelles vous conduira au-delà de vous-même, au-delà des apparences, au pays du cœur où vous pourrez enfin percevoir votre véritable identité».

«Tenez, dit Madame Lalumière en remettant à Catherine un document contenant un résumé des enseignements de la matinée. Vous pourrez revoir ces notions et y réfléchir plus longuement tout en continuant votre exercice d'écriture aux différentes femmes de votre vie».

– Justement, j'ai écrit une lettre hier, spécifia Catherine en remettant la lettre qu'elle avait écrite à sa sœur aînée.

– Vous semblez ne pas avoir trop de difficultés à faire la liste des accusations, lui fit remarquer Madame Lalumière. Toutefois, si vous désirez que cet exercice soit vraiment libérateur, il vous faudra tout raconter, prendre le temps de relater de façon beaucoup plus détaillée les circonstances de votre expérience avec chacune de ces personnes. Cet exercice a pour but de vraiment livrer sur papier, tous vos états d'âme, tous les bouleversements que ces personnages ont créés dans votre vie. Cette histoire se doit donc d'être la plus complète possible.

– Bien, je vais y veiller pour les prochaines lettres.

Madame Lalumière termina la rencontre et fixa le prochain rendez-vous au lendemain après-midi pour permettre à Catherine de poursuivre ses exercices d'écriture.

* * *

Après un bon repas et une longue promenade, Catherine retourna dans la salle «libération» et s'y installa pour écrire le récit détaillée de son expérience avec Thérèse, propriétaire d'un salon de coiffure. Elle décida d'écrire tout le déroulement du développement du commerce qu'elle avait opéré pendant une période de trois ans.

Thérèse,

C'est avec une très grande fierté que j'ai réalisé mon rêve de posséder mon propre commerce. À 17 ans, je croyais cela impossible. Mes parents ne voulaient pas car ils considéraient que c'était trop exigeant. Mais à 30 ans, avec une famille et beaucoup de responsabilités, j'ai réussi. Cela a été difficile cependant, mais aussi très agréable et j'ai relevé ce défi d'une main de maître. J'ai terminé première et j'ai été honorée lors d'une soirée pour tous les élèves méritant de l'école. Que de beaux souvenirs, ce fut une très belle expérience. J'étais fière de moi, j'avais réussi et je l'avais fait avec succès. J'ai donc acheté le salon un mois avant la fin de mes cours, diplôme en poche et la tête remplie de rêves et d'espoirs.

J'avais décidé d'acheter un commerce déjà existant, pour sa clientèle et sa renommée. Ce serait plus facile, du moins c'est ce que je croyais. Tu étais propriétaire de cette entreprise, avec 25 ans d'expérience. Tu désirais prendre ta retraite, je me suis dit que j'avais une chance en or. Je manquais un peu de confiance en moi. Avec du recul, je sais maintenant que je n'avais pas besoin de toi.

Tu as contourné toutes mes objections pour l'achat de ton commerce et tu as pris le contrôle de tout, complétant la transaction à ton avantage. Moi, j'étais sincère. Tu avais l'expérience, tu avais vu neiger avant moi. Tu m'as même raconté toutes tes aventures dans tes transactions d'affaires précédentes. Je t'estimais beaucoup et j'avais une confiance aveugle en toi.

J'installai mon salon dans une propriété qui m'appartenait déjà. Toutefois, la banque a demandé à ce que l'inventaire soit garanti par quelqu'un et tu as accepté de m'endosser. Quelle erreur de ma part. J'ai rénové le local à mon goût, c'était un petit bijou. J'ai investi $15,000 pour la rénovation et $35,000 pour l'achat de ton commerce. Je me suis retrouvée avec une dette de $50,000 remboursable en 18 mois. Heureusement, mon frère m'a prêté $20,000 pour m'aider à diminuer mes paiements. Tout était parfait, j'avais réussi à réaliser tout cela, sans avoir un sou de côté, c'était presque un miracle.

La transaction terminée, j'ai déménagé dans mes magnifiques locaux. Tu m'avais constamment mis de la pression, le salon était chez toi et que tu avais hâte que je quitte ta maison. Comme promis, je suis déménagée à la date prévue.

Tu devais m'aider, et tu ne l'as pas fait. Je n'ai reçu aucune aide de ta part. Je me suis arrangée toute seule, j'étais fatiguée, très fatiguée mais j'ai fait ce qu'il fallait. Le mardi suivant, les portes de mon salon ouvraient sur ce que je pensais être une belle aventure. J'étais très fière de moi, ma famille aussi. Jusque-là, leur vie n'avait pas trop changé.

Selon notre entente, tu venais travailler chez moi pendant une période d'un an, le temps que ta clientèle s'habitue à mes services. Je te fournissais le local, les produits de travail, tu n'avais aucun frais de loyer, de téléphone ou de publicité. En retour, tu devais vendre des produits sans que je te paye de commission. Selon les chiffres que tu m'avais fournis, tu vendais beaucoup de produits, j'étais donc rassurée. J'avais tellement confiance en toi. J'ai donc tout payé, je n'avais pas de clientèle, j'avais de grosses obligations.

Quelques semaines sont passées et je me suis aperçue que ça ne fonctionnait pas du tout comme prévu. Tu gardais toutes tes clientes pour toi, de plus tu contrôlais tout et tu répondais toujours au téléphone. Moi je payais tout et je ne me sentais pas chez moi. Les clientes que je recevais étaient très satisfaites de moi, je maîtrisais bien ma profession. En même temps, je me rendais compte qu'à chaque fois que je recevais une de tes clientes, le rendez-vous suivant, elle le reprenait avec moi, cela me confirmait que j'étais appréciée.

Je me suis mise à en parler autour de moi pour dissiper mes doutes. Tu faisais beaucoup d'argent, et moi pas. Personne ne comprenait ce qui se passait et encore moins moi. Tu contrôlais encore tout, je me sentais trahie, abusée, trompée, blessée. Les mois passaient et j'étais toujours très insatisfaite de la situation.

J'ai décidé de faire une promotion pour me créer une clientèle, une très belle promotion, rien n'a été mis de côté. Tu m'as encore promis de m'aider car j'offrais des services gratuits. J'étais consciente que cela ne serait pas payant mais il y avait beaucoup de potentiel pour la clientèle à venir. Comme prévu, le téléphone a sonné, mais tu répondais toujours pour continuer ton contrôle. Je n'étais toujours pas capable de te le dire, je ne m'aimais pas dans cette situation car j'étais consciente que c'était moi qui n'était pas capable, personne d'autre. Et ce qui devait arriver, arriva. Tu plaçais tous les rendez-vous gratuits, c'est-à-dire ceux de la promotion, dans mon cahier. Ainsi je n'avais plus de disponibilité pour les rendez-vous payants et c'est toi qui les prenais tous. Je travaillais 12 heures par jour, et le soir je faisais la caisse. Il y avait très peu de revenus pour moi, quelques produits vendus de peine et de misère. Tout le reste te revenait.

Je me décourageais, j'étais tellement fatiguée de travailler entre 50 et 60 heures. Pendant ce temps, tu gagnais au moins quatre fois plus que ce que j'obtenais pour faire rouler le commerce. Des mois ont passé ainsi, et j'étais de plus en plus fatiguée et découragée. Mes clientes m'aimaient, mais elles n'étaient pas assez payantes.

J'ai pris la décision, un matin, de te parler et je t'ai demandé de me transférer tes clientes et de placer toutes les nouvelles pour moi comme prévu avec une limite de deux promotions par jour. Comme d'habitude, tu semblais avoir compris et selon toi, c'était normal que cela se passe ainsi au début.

Je suis devenue plus vigilante et j'ai commencé à surveiller tes allées et venues et je me suis rendue compte que tu faisais seulement ce que tu aimais, et ce qui était payant pour toi. Moi je faisais le ménage du salon une fois par semaine, le lavage des serviettes pour nous deux, la comptabilité, les achats et les commissions, j'étais au bout du rouleau. Que devais-je faire? Je détestais ma vie, et mon rêve se détériorait un peu plus chaque jour.

Un jour, je t'ai prise en flagrant délit, une cliente a trop parlé, tu lui as demandé son nom avant d'entrer dans la cabine, j'ai compris alors que c'était une nouvelle cliente, tu ne la connaissais pas. Lorsque la cliente a quitté, tu m'as répondu qu'elle travaillait à la librairie, et tu as ajouté: «penses-tu que je vais te laisser défaire ma réputation et te laisser lui donner un mauvais traitement?» J'étais tellement insultée.

Je t'ai avisée que je ne voulais plus que cela se reproduise, parce que nous serions obligées de nous séparer. Tu m'as assurée que cela ne se reproduirait pas. Les jours suivants, tu as cessé complètement de vendre des produits, donc plus aucun revenu pour moi provenant de tes activités, seulement des dépenses.

Tu me disais ne pas être obligée de le faire et que de toute façon ça ne te tentait plus. J'étais très en colère. Mes jours étaient assombris par ta présence dans ma vie, je te détestais et je me détestais aussi pour être tombée dans ce panneau.

On m'avait pourtant mis en garde contre toi. Des semaines se sont écoulées. J'avais le teint blême, je n'avais plus d'énergie et plus le goût de rien. Mais je devais sauver ce qui m'appartenait, et surtout ma réputation de gagnante, toute une réputation.

Je n'aurais probablement jamais trouvé le courage de te dire de partir, donc la vie s'en est chargée. Un matin, tu m'as annoncé que tu retournais travailler chez toi, dans ta maison. J'étais à la fois surprise et soulagée. Je t'ai toutefois avisée que tu te devais de respecter notre convention. Tu m'as dit que tu déménagerais chez ta fille dans le nord. Tu trouvais toujours la réponse à tout. Tu devais partir deux semaines plus tard, « bon débarras » que je me disais.

Mais cela ne s'est pas passé du tout comme prévu. Un ami avocat m'avait dit de faire très attention : c'est toi qui voulais partir, pas moi qui te mettais à la porte. Le lendemain, tu m'as annoncé que tu partais chez toi, que tu quittais avec ton équipement et merci, bonjour.

Je me suis dit : non, non, non, ce n'est pas vrai, elle ne me fera pas cela. Je suis retournée voir mon avocat qui m'a aidée à rédiger un document dans lequel tu confirmais ton départ et tu t'engageais à respecter tes engagements.

La situation entre toi et moi était très tendue, terrible. Tu devais me payer $400.00 par semaine pour non respect de contrat. Tu le savais et tu me défiais, tu n'avais aucunement l'intention de me payer. Tout le monde me suggérait de présenter ma demande à la Cour, mais nous savions très bien toi et moi, que je n'avais pas l'argent pour une telle démarche et je n'avais pas non plus l'énergie.

Le samedi précédant ton départ, rien n'était réglé. Je t'ai mentionné alors que tu devais me payer avant ton départ, et que je désirais que tu rachètes la moitié de ton inventaire que nous n'avions pas réussi à vendre. Tu m'as mise à la porte de mon salon, me criant que j'allais faire faillite, que j'étais une menteuse. Tu m'as démolie et j'ai perdu toute ma confiance en moi.

Le lendemain, soit le dimanche, je me suis rendue au salon, pour diviser l'inventaire avec toi, et pour que tu puisses prendre tes affaires personnelles. J'étais nerveuse. Le lundi, nous devions nous rendre chez l'avocat et tu me paierais alors mes affaires. Tu ne devais pas partir avant, mais encore une fois, tu as fait à ta tête. Tout était resté en place chez toi, tu n'avais rien défait de ton salon, j'ai alors compris que tu avais toujours eu l'idée de retourner travailler chez toi. Après un an et demi, rien n'avait changé.

Nous avons passé la journée à diviser le matériel, on se parlait pour le nécessaire seulement. Ta fille est venue chercher tes affaires, tu voulais racheter tous tes appareils et ton mobilier, tu y tenais. Je t'ai alors dit de tout prendre, je m'en foutais, moins j'aurais de choses de toi, mieux je me porterais. Tu croyais tellement que je fermerais le salon, il n'en était pas question.

Quand tu as fermé la porte derrière toi, quel soulagement j'ai ressenti, je me suis mise à pleurer, pleurer, pleurer, tellement fort. J'étais libérée de toi qui me méprisais et qui me démolissais un peu plus chaque jour. Ce soir-là, je n'ai rien fait. Tu avais déposé toutes les serviettes sales dans ma cabine, cela m'a fait tellement de peine.

Le lendemain, soit le lundi très tôt, je me suis rendue à mon salon, pour faire le ménage et remettre tout cela à mon goût. Je tenais debout, juste pour dire, j'étais tellement fatiguée. J'ai passé une commande et me suis achetée un beau mobilier neuf comme je le voulais, tout ce qu'il y avait de plus moderne. Que j'étais fière de moi, tout s'était placé dans mon monde physique, mais pas dans ma tête, ni dans mon cœur. Deux semaines sont passées, et tu ne m'as pas donné signe de vie pour me payer. Mon avocat nous a alors convoquées le lundi suivant. J'étais contente mais tellement nerveuse et inquiète. Mes doutes se concrétisaient. Dans la salle d'attente, tu m'as dit: «tu n'auras pas un sou, c'est à prendre ou à laisser». J'ai décidé d'attendre d'être dans le bureau de l'avocat. J'étais tellement exaspérée de cette situation, jamais rien n'avait fonctionné, j'étais bien décidée à régler cela une fois pour toutes.

Nous sommes entrées dans son bureau, tu as déballé ton sac, je n'étais pas du tout d'accord avec tes dires, mais je voulais régler. Il a proposé que tu me redonnes une partie de l'inventaire pour couvrir mes frais. Je ne voulais pas, mais il a insisté.

J'ai accepté, mais j'étais très en colère de cette décision, je devais te retourner ton inventaire que j'avais gardé chez moi en attendant que tu me payes, je ne voulais pas te voir, j'ai mis tout cela dans un taxi et je te l'ai expédié, vieille chipie.

Tout s'est réglé comme tu le voulais, j'étais brisée, fragile, démunie et meurtrie, quelle aventure. Je me suis retrouvée au point de départ, une grosse dette et une grosse fatigue en prime, et beaucoup de responsabilités. Mais au moins, j'étais devenue libre d'aller et de venir à ma guise et de gérer mon salon à mon goût pour une fois.

Quelques mois plus tard, mon salon allait très bien, je travaillais très fort, chaque semaine ma clientèle augmentait. J'étais aimée et appréciée. Je vivais toujours de l'insécurité face à tout cela, donc je me suis laissée facilement envahir par elle. J'ai travaillé de 7h00 à 18h00 presque tous les jours.

Je perdais complètement ma joie de vivre et je n'avais plus d'énergie. Que de stress, que de stress,... Je me sentais très coupable de négliger ma famille, tout semblait s'écrouler autour de moi, j'étais très malheureuse, plus rien n'allait, mon rêve était devenu un cauchemar.

Thérèse, je t'ai haï, haï, haï, haï, pour toute la peine que tu m'as faite et toute la misère que tu m'as fait vivre. Moi, je te respectais, je t'admirais même, et toi tu m'as trahie en profitant de moi. Je m'en veux de t'avoir laisser me détruire et me vider de mes énergies. Depuis ce temps, j'ai eu beaucoup de peine et je ne suis pas arrivée à vraiment reprendre ma vie en main, je me suis effondrée un peu plus chaque jour. Il y a eu une bonne chose dans cette aventure, je me suis prouvée que j'étais capable de réussir, et cela sans toi. En très peu de temps j'avais réussi et je m'étais faite une bonne réputation.

Quand je pense à toi, il y a beaucoup de regrets et de colère qui montent en moi, à un tel point que je n'arrive pas à aimer quelqu'un qui me fasse penser à toi. Je sais au plus profond de moi que tu es encore plus malheureuse que moi, mais tu n'étais pas obligée de me faire souffrir à ce point. Sois honnête et reconnais tes torts, et arrête de faire mal, tu es profiteuse de tout, du système, de tes clientes, de tes enfants, de tes amis, de tout le monde que tu côtoies. Hypocrite, il n'y avait rien de vrai avec toi, tu *étais là juste pour profiter de moi. J'espère ne plus jamais avoir quelqu'un comme toi sur mon chemin. Reste avec tes affaires, ne viens plus troubler ma vie. Autant je t'ai aimée, autant maintenant, je te déteste.*

Comme tout cela était très présent à son esprit, Catherine en profita, malgré la fatigue qui l'assaillait, pour énumérer les accusations qu'elle adressait à Thérèse.

— *Thérèse, je t'accuse de m'avoir démolie*

— *Thérèse, je t'accuse de m'avoir trahie*

— *Thérèse, je t'accuse de m'avoir mentie*

— *Thérèse, je t'accuse de m'avoir manipulée*

— *Thérèse, je t'accuse de m'avoir fait perdre confiance en moi*

— *Thérèse, je t'accuse de m'avoir contrôlée*

— *Thérèse, je t'accuse de m'avoir blessée*

— *Thérèse, je t'accuse de m'avoir jugée*

— *Thérèse, je t'accuse de m'avoir traitée de menteuse*

— *Thérèse, je t'accuse de m'avoir fait remettre en question*

— *Thérèse, je t'accuse de m'avoir fait sentir coupable*

— *Thérèse, je t'accuse de m'avoir fait vivre de la colère*

— *Thérèse, je t'accuse de m'avoir fait pleurer*

— *Thérèse, je t'accuse de m'avoir fait vivre de l'injustice*

— *Thérèse, je t'accuse de m'avoir fait perdre ma joie de vivre*

— *Thérèse, je t'accuse de m'avoir épuisée*

— *Thérèse, je t'accuse de m'avoir fait du mal*

— *Thérèse, je t'accuse de m'avoir trompée*

— *Thérèse, je t'accuse d'avoir abusée de moi*

— *Thérèse, je t'accuse d'avoir détruit ma confiance en moi*

— *Thérèse, je t'accuse d'avoir trichée*

— *Thérèse, je t'accuse d'avoir brisé ma réputation*

— *Thérèse, je t'accuse d'avoir blessé mon âme*

— *Thérèse, je t'accuse d'avoir ruiné ma vie*

— *Thérèse, je t'accuse d'avoir douté de moi*

— *Thérèse, je t'accuse d'avoir transformé mon rêve en cauchemar.*

Fatiguée, Catherine décida de s'accorder quelques heures de sommeil afin de récupérer ses forces avant le repas du soir. Cet exercice d'écriture lui avait permis de présenter de façon détaillée son expérience comme femme d'affaires et de finalement conclure ce chapitre important de sa vie. Tout en écrivant, elle avait fait une grande découverte: pour la première fois depuis son repos forcé, elle avait été profondément émue et avait pris conscience que son état d'épuisement avait une relation avec sa façon de travailler et avec son grand besoin de prouver qu'elle était capable de réussir malgré l'adversité.

Plus tard en soirée, après le repas, elle rencontra Madame Lalumière et lui fit part de sa découverte. Elle se sensibilisait au fait qu'elle ait vécu certaines situations de façon très désagréable en raison de la perception qu'elle en avait et surtout parce qu'elle voulait, par dessus tout, être aimée. Petit à petit, elle assimilait l'enseignement reçu sur l'amour véritable de soi. Elle percevait la grande différence entre l'amour emprisonnant, qui nous pousse à poser des actions dans le but d'être aimé, et l'amour libérateur qui nous amène à développer l'amour de soi, c'est-à-dire le respect de nos limites et de nos besoins.

Madame Lalumière informa Catherine qu'elle aurait la prochaine journée pour se consacrer à la poursuite de son écriture. Elle lui remit une petite carte sur laquelle était écrite une affirmation très importante qui l'aiderait à s'apaiser et à développer l'amour de soi:

«J'accepte totalement toutes les décisions prises, les actions posées et les réactions manifestées jusqu'à aujourd'hui comme étant des expériences importantes qui m'ont permis de devenir ce que je suis maintenant. J'accepte et reconnais que, étant donné les circonstances et mon état d'être à chacun de ces moments-là, toutes les décisions que j'ai prises étaient bien correctes».

Chapitre sept

Madame Lalumière avait fixé le prochain rendez-vous pour 16 heures le lendemain. Catherine pouvait donc profiter de sa soirée, sachant qu'elle aurait toute la journée suivante pour poursuivre son travail d'écriture.

Elle décida de respirer le bon air frais de la nature. La température était très clémente ce soir-là. Le temps doux l'invitait à oublier pour un instant ses états d'âme et les bouleversements provoqués par la lettre écrite à Thérèse. Catherine se demandait vraiment quelle signification le pardon allait avoir pour elle et à quel point il serait libérateur. Lorsqu'elle repensait à l'expérience avec Thérèse, elle sentait monter en elle des barrières infranchissables bloquant ainsi toute le sagesse de son cœur. Elle se demandait surtout si lui pardonner signifiait lui donner raison et absorber tous les torts. «Devrais-je ravaler la colère intense que j'ai ressentie fréquemment envers elle? Devrais-je présenter la joue gauche et prétendre qu'elle ne m'a pas blessée?»

Elle repensa à l'enseignement de Madame Lalumière. Selon elle, le pardon faisait appel à l'acceptation des interprétations des expériences vécues comme des occasions de se sensibiliser et de se remettre en contact avec les besoins de notre être. Elle réalisa qu'elle devrait accepter d'aller au-delà des accusations et des jugements qu'elle avait eus envers les autres et envers elle-même, et au-delà aussi des perceptions enregistrées dans sa mémoire à la suite de ces évènements.

Lorsqu'elle revint à l'auberge, Catherine se sentait plus calme. Elle ressentit le désir de donner de ses nouvelles à

Jacques et aux filles. Elle avait choisi volontairement d'entamer cette démarche de retour sur soi toute seule, mais maintenant elle avait le goût de la partager avec eux et de connaître leur quotidien sans elle. La conversation fut très agréable pour tous. Sa famille se sentait très soulagée de constater qu'elle était plus énergique et plus confiante. La nuit serait bonne... Catherine se sentait de mieux en mieux.

*   *   *

Après une longue nuit de sommeil et un excellent petit déjeuner, Catherine se rendit à la salle et commença à écrire à Claudette, une ex-amie. La séance d'écriture dura quatre heures. Elle prit ensuite un temps de repos. Après le déjeuner, elle décida de compléter la liste des accusations à Claudette. Ces écrits l'avaient beaucoup remuée. Toutefois, elle sentait de plus en plus une libération. Elle avait hâte de rencontrer Madame Lalumière et de lui présenter ce document.

*   *   *

À 16h00, comme convenu, elles se retrouvèrent à l'atelier et Madame Lalumière prit connaissance de la lettre écrite à Claudette. Catherine y expliquait en détails sa rencontre avec elle et son mari et comment ils étaient devenus des amis, tous les quatre. Elle mentionnait également un autre couple d'amis qui partageait des activités et des sorties avec eux. Puis, survint la brouille entre les couples. Catherine essaya de tout réparer mais en vain. Chagrinée de ne plus voir Claudette, Catherine poursuivit son chemin et devint trésorière à un centre de loisirs. Et voilà que Claudette revint dans sa vie et prit de plus en plus de place au Centre. Catherine, qui avait trimé dur et qui avait gagné la reconnaissance des membres du conseil d'administration, se sentit tasser par Claudette qui remettait son travail en question. Claudette finit par occuper une place importante au Conseil et mena la vie dure à Catherine. Humiliée et épuisée, Catherine avait fini par abandonner son poste avec au cœur le sentiment d'avoir perdu un combat et d'être profondément blessée. Elle finissait d'ailleurs sa lettre à Claudette par une trentaine d'accusations allant de la trahison jusqu'à l'humiliation.

Après avoir lu la lettre, Madame Lalumière lui demanda comment elle se sentait après avoir complété ce récit et la liste des accusations à son ex-amie Claudette.

– J'ai de la peine, je suis encore blessée, avoua Catherine. Je réalise le prix que j'ai accepté de payer pour être aimée. J'ai toujours eu beaucoup de difficultés à prendre ma place et à sentir que j'avais le droit d'avoir une place! Je sais maintenant que cela remonte aux premières années de mon enfance... J'ai toujours été la petite Catherine, qui a dû devenir très vite une grande fille. Je n'ai probablement jamais perçu qu'il y avait une place pour moi ou du moins que j'avais le droit de demander qu'on prenne du temps pour moi. J'ai tellement toujours voulu prouver mes capacités! Et j'ai eu ce comportement surtout avec des femmes. Tout s'éclaire et se place en moi... il me revient cette explication que vous m'avez donnée au début de mon séjour à votre auberge concernant les causes profondes de cet épuisement professionnel. Vous disiez que la cause pouvait être mon sentiment de ne jamais être à la hauteur des attentes de maman. Je me rends compte, à l'aide de ces lettres, que j'ai effectivement travaillé très fort pour démontrer à Claudette et au Centre de loisirs que j'étais quelqu'un.

Catherine fit une courte pause, le temps d'une réflexion, puis reprit:

– Je vais écrire à ma sœur et à ma cousine... Mais je ne crois pas que je serai capable d'écrire une lettre détaillée à maman. Je suis encore d'avis qu'elle a fait son possible et qu'à sa façon, elle m'a vraiment aimée.

– Pour l'instant, l'important est de compléter vos autres lettres, la rassura Madame Lalumière. Cela mettra en lumière d'autres éléments. Nous verrons ensemble plus tard ce qui se cache derrière votre réticence à faire le récit de votre relation avec votre mère. Avant cette étape, vous ferez des détentes dirigées facilitant l'ouverture de votre cœur au pardon véritable.

«Voyez-vous Catherine, poursuivit-elle, pardonner, c'est agrandir son cœur pour aimer davantage, bien au-delà de l'offense commise. Lorsque vous consentirez à pardonner, vous considèrerez la faute comme un accident de parcours et vous accepterez de ne pas en tirer avantage. Vous réussirez à détourner votre visage de votre propre souffrance pour avoir accès à la lumière libératrice de l'amour. L'amour représentera pour vous un outil sacré pour effacer ou amoindrir les souvenirs pénibles, encore source de souffrances morales et physiques. Le pardon pénètrera et sondera les profondeurs de votre être pour extirper, à la racine même, le mal qui vous ronge et qui vous détruit».

«Et maintenant, je vous conseille de vous retirer et profiter du temps doux avant de rédiger ces deux prochaines lettres... une promenade vous sera profitable. Nous nous retrouverons plus tard».

Catherine suivit les conseils de Madame Lalumière. Elle se reposa puis rédigea une lettre à sa sœur cadette, Gisèle.

Gisèle, j'ai toujours eu énormément de difficultés à te comprendre et je n'ai jamais eu beaucoup d'affinités avec toi. Tu es tellement renfermée et cachottière, on ne sait jamais quoi dire avec toi. Tu fais toujours tout en cachette, tu es hypocrite et sournoise. Pourquoi toujours ces mystères? Tu es la seule comme cela. Cela me tape sur les nerfs. Tu me déranges tellement lorsque tu m'appelles, tu n'as jamais rien à dire. Avec toi, on parle toujours d'argent... de ton argent! Tu dis que tu n'en as pas, mais nous savons tous que c'est complètement faux, tu as toujours un achat prévu... c'est correct, mais cesse de te plaindre.

Tu fais cela depuis ton adolescence, reviens-en. Tu es restée accrochée à cette période de ta vie. Tu joues toujours à la victime pour te faire plaindre et te faire prendre en pitié par tout le monde. Cela ne marche plus avec moi, tu as assez profité de moi ! Combien de fois as-tu fait semblant de ne pas pouvoir payer pour que je sois obligée de le faire pour toi ? Je trouve que tu es hypocrite, profiteuse et égoïste, tu penses toujours juste à toi. Il y en a que pour toi, ton petit jeu ne marche plus avec moi.

Tu as tellement bien joué tes cartes que tous te prennent en pitié. Tu manipules tout le monde, tu ne fais qu'à ta tête et tu fais seulement ce que tu aimes. Tu fais et dis seulement ce qui fait ton affaire. Tu n'appelles pas car cela coûte trop cher, mais tu n'es pas gênée de t'installer chez moi, sans avertir et tu t'attends à recevoir les grands services.

Voilà Gisèle ... je t'accuse :

— je t'accuse de m'avoir trompée avec tes histoires

— je t'accuse de profiter de moi et des autres

— je t'accuse de toujours te plaindre

— je t'accuse de m'avoir joué la comédie

— je t'accuse de me compter des mensonges

— je t'accuse de me manipuler

— je t'accuse de passer ton temps à me tromper

— je t'accuse de toujours tout cacher

— je t'accuse de ne pas dire la vérité

— je t'accuse d'être hypocrite

— je t'accuse d'être sournoise

— je t'accuse d'être jalouse

— je t'accuse d'être avaricieuse

— je t'accuse de faire toujours la victime

— je t'accuse de jouer l'enfant martyr

— je t'accuse de m'avoir manipulée

— je t'accuse de m'avoir fait pleurer.

Catherine prit quelques minutes de pause mais entama rapidement une lettre à sa cousine Josée, qu'elle avait côtoyée pendant de nombreuses années et avec qui elle avait eu un conflit dernièrement.

Bonjour Josée, aujourd'hui je m'autorise à te dire tout ce qui me dérange et m'agace chez toi et cela depuis de nombreuses années.

Je trouve que tu n'es pas vraie, ce que tu dis et ce que tu fais, c'est bien différent. Lors de tes dernières vacances, tu avais l'air au-dessus de tes affaires, mais je sais que ce n'est pas vrai. Je t'ai vue trembler devant un ordinateur, j'ai vu que tu avais aussi peur que moi, malgré tes grands airs.

J'ai de plus en plus de difficultés à t'endurer. Tu ne m'as jamais considérée, mais je n'ai plus quinze ans aujourd'hui.

Tu essaies toujours d'être meilleure en tout, d'être supérieure à tout le monde... pour qui te prends-tu? Tu sais que moi présentement, je suis en repos pour une période indéterminée... pourquoi me blesser et me parler toujours de ton argent? Tu sais, on ne mesure pas la valeur d'une personne à l'épaisseur de son portefeuille. Tes airs de grande fraîche m'agacent et me dérangent beaucoup. Avec toi, il faut toujours faire attention à ce que l'on dit ou fait.

Tu es avaricieuse, tu peux bien avoir de l'argent, tu profites de tout le monde. Tout ce qui traîne, tu le ramasses. Tu prétends avoir beaucoup mais tu prends tout des autres.

Aujourd'hui, j'ai 33 ans. Personne ne se préoccupe de mes états d'âme à moi, mais non... Catherine a mérité ce qui lui arrive. Jalouse, tu n'as jamais eu le culot de faire ce que j'ai fait. Quand tu viens me visiter, tu as peur de sortir toute seule, alors tu peux aller te rhabiller au lieu de me faire croire que tu es au-dessus de tout.

Tu es lâche, hypocrite et menteuse, tu n'auras plus l'occasion de profiter de moi. Tu es méchante, combien de fois tu as fait mal aux autres, volontairement? Tu es remplie de colère et rongée par la jalousie. J'ai honte de sortir avec toi, tu cherches toujours pour rire des autres, les juger et cela à voix haute, pour qu'ils t'entendent. Tu n'as pas d'amies... il faudrait peut-être que tu te regardes toi-même au lieu de juger tout le monde et de critiquer tout ce qui bouge autour de toi.

Et voilà de quoi je t'accuse chère cousine Josée :

— je t'accuse de m'avoir fait mal

— je t'accuse de m'avoir fait pleurer

— je t'accuse de m'avoir fait sentir que je ne suis rien

— je t'accuse d'avoir profité de moi

— je t'accuse d'avoir abusé de moi

— je t'accuse de ne pas être vraie avec moi

— je t'accuse de me jouer la comédie

— je t'accuse de m'avoir menti

— je t'accuse de vouloir me contrôler

— je t'accuse d'être snob

— je t'accuse de me faire sentir mal

— je t'accuse de jouer avec mes sentiments

— je t'accuse de te servir de moi

— je t'accuse d'abuser de ma générosité

— je t'accuse d'abuser de ma bonté

— je t'accuse de ne pas considérer mes besoins

— je t'accuse de lever le nez sur les gens que j'aime

— je t'accuse de juger mes amis et mon mari

— *je t'accuse de me juger*

— *je t'accuse de penser que je suis naïve*

— *je t'accuse de nous manipuler avec tes problèmes de santé.*

— *je t'accuses de ne pas me laisser ma place*

— *je t'accuse de ne pas me respecter*

Catherine venait ainsi de compléter sa dernière lettre avant d'écrire à sa mère. Avant de retourner dans l'atelier, elle décida de prendre quelques minutes pour mettre sur papier ses sentiments.

Je réalise à quel point j'ai de la rage en moi et aussi à quel point j'en veux à tout le monde autour de moi, et surtout comment je m'en veux à moi. Beaucoup de gens ont pris trop de place dans ma vie et cela depuis de nombreuses années, je leur ai donné tellement d'importance. J'avais peur qu'ils ne m'aiment pas, qu'ils ne m'apprécient pas... je réalise aussi à quel point je laisse les autres prendre toute la place. Je viens d'apprendre que s'aimer véritablement veut dire respecter son espace et celui de l'autre, je crois vraiment que je n'ai jamais respecter cela, de plus j'ai vraiment vécu avec le sentiment qu'il n'y avait pas de place pour moi. Cela explique sûrement pourquoi je me suis autant battue pour que l'on reconnaisse que j'avais une place, je n'ai probablement jamais ressenti que j'en avais une. Je me souviens que malgré mes succès, je me sentais difficilement satisfaite ou sereine, j'étais toujours tellement fatiguée et exténuée. Je suis plus consciente maintenant du comportement que j'ai adopté et des conséquences qui en ont découlées. Je sens de plus en plus que ce comportement est étroitement lié à une blessure de mon enfance. J'entamerai très bientôt mes premiers exercices de pardon, je sais que ces écritures m'ont déjà libérée d'un énorme fardeau qui pesait sur mes épaules depuis très longtemps. Je devrai aussi écrire à maman pour mettre en lumière mes accusations inconscientes. Je sens que cela ne sera pas facile. Nous verrons bien...

* * *

Après un léger repas et une sieste bien méritée, Catherine retrouva Madame Lalumière à l'atelier. Elle se sentait bien à l'auberge car elle savait que Madame Lalumière était disponible pour elle.

– Bonjour, dit Catherine en apercevant Madame Lalumière. J'ai pris quelques minutes supplémentaires pour mettre sur papier mes sentiments... Tenez... voici aussi les deux dernières lettres que j'ai écrites.

– Bonjour Catherine! Je vois que votre forme revient petit à petit, je vous sens plus énergique aujourd'hui. Pendant que je vais prendre connaissance de vos documents, pourquoi ne profiteriez-vous pas d'un peu d'air frais? Rejoignez-moi dans une trentaine de minutes.

* * *

La lecture des documents avait permis à Madame Lalumière de constater que Catherine devenait de plus en plus consciente au fur et à mesure qu'elle poursuivait ses écrits. Elle profita donc de cette ouverture pour présenter à Catherine, qui revenait d'une petite promenade, la conclusion de son enseignement sur la pardon véritable.

– Au plan spirituel, rien n'est impardonnable, expliqua-t-elle. Cependant, il faut prendre le temps de gérer ses émotions, de briser le carcan de ses peurs et de défaire ses chaînes de la honte, de la rancune ou de la haine. Il faut savoir se respecter et faire des choix dans la limite que nous impose notre capacité émotionnelle. Tous vos écrits avaient comme objectif de vous amener tout doucement à cette étape.

– Et si la personne refuse de pardonner?

– Cette décision peut conduire à un repli douloureux sur soi, diminuant les possibilités d'échanges avec l'extérieur, réduisant les raisons de vivre. Alors, l'âme, profondément blessée, erre dans la souffrance et l'abandon. Son existence devient une survie à une douleur plutôt qu'un chant de louanges à la vie. Également, le refus de pardonner peut inciter la personne à blesser à son tour car elle renie le mal intérieur qui l'accable, la ronge et lui fait vivre beaucoup de souffrances. Celle-ci, malgré des soupirs de découragement et des cris de détresse, demeurera envahie par des angoisses incalculables.

«Le pardon peut donc nous aider à retrouver un certain équilibre et une grande délivrance permettant la consolidation d'une nouvelle vie. Nous pouvons donc être guidé par une personne-ressource ou nous pouvons, par nos écrits, mettre en lumière ces blessures de notre enfance et s'en libérer, nous pouvons choisir de vivre les deux».

– Qu'est-ce qui nous empêche d'oublier et de mettre de côté ces offenses et de passer à autre chose? questionna à nouveau Catherine.

– Lorsque nous gardons rancune à quelqu'un, nous tissons un cordon entre cette personne et nous. Plus la rancune est grande, plus ce lien est fort. Cela peut même devenir un cordon d'acier. Lorsqu'il s'agit d'une émotion de haine ou de très forte rancune, celui-ci est très difficile à couper... on s'enchaîne littéralement à la personne envers qui nous avons cette rancune et nous vivons dans une prison. On crée un lien dans l'invisible avec cette personne. Plus la haine est forte, plus le cordon est gros, plus on en devient obsédé et plus on y pense sans arrêt. Ainsi, ces deux personnes sont retenues par ce cordon qui détruit l'énergie. Il faut toujours un gardien pour garder un prisonnier! C'est pour cette raison que les deux personnes se retrouvent prisonnières l'une de l'autre. Lorsque l'on réussit à se libérer de ces rancunes ou de ces haines, on coupe le cordon qui nous gardait prisonniers.

Sur ces mots, Madame Lalumière remit un document à Catherine, contenant l'enseignement complet sur le pardon. Elle l'invita ensuite à compléter la prochaine étape: une détente dirigée sur le pardon véritable.

– À l'aide de cet exercice, vous contacterez une femme à qui vous avez écrit, et vous lui demanderez pardon de l'avoir accusée. Vous allez reconnaître que vos expériences avec cette personne a réveillé une blessure de votre passé. Vous serez mis en contact avec son enfant intérieur, et vos enfants intérieurs feront la paix.

* * *

«Installez-vous confortablement et au son de cette douce musique, sous cette lumière tamisée, commencez votre détente...»

«Maintenant que votre corps est bien détendu, sur votre écran mental, vous vous voyez entrer dans une belle grande maison. Vous observez la décoration qui est très belle. Vous ressentez beaucoup de paix à l'intérieur de cette maison...»

«De cette maison, vous entendez l'eau d'un ruisseau qui coule tout près, vous vous reposez un instant. Vous vous dirigez vers une porte. Vous l'ouvrez. Vous vous retrouvez en haut d'un escalier de 12 marches. Vous descendez lentement les marches: 12, 11, 10, 9, 8, 7, 6, 5, 4, 3, 2, 1... Au bas de l'escalier, il y a une autre porte. Vous l'ouvrez et vous entrez dans une petite pièce très confortable et accueillante».

«Un beau fauteuil vous attend. Vous en placez un autre à côté du vôtre. Maintenant, en face de votre fauteuil, se trouve un petit ascenseur qui peut contenir une personne. Vous vous installez confortablement dans votre fauteuil, en devenant conscient qu'une personne à qui vous avez écrit récemment se trouve déjà dans cet ascenseur. C'est une personne à qui vous avez à exprimer quelque chose et à qui vous voulez demander pardon».

«Vous touchez le bouton de contrôle sur le bras de votre fauteuil et la porte de l'ascenseur commence à s'ouvrir lentement. Laissez venir vers vous cette personne. Vous vous levez et vous allez à sa rencontre. Vous lui souhaitez la bienvenue dans votre pièce privée».

«Vous lui offrez de s'asseoir dans le fauteuil à côté du vôtre et vous placez vos fauteuils face à face, le plus près possible... Pendant quelques minutes, prenez conscience de ce que vous ressentez en présence de cette personne... Demandez-lui pardon de lui en avoir voulu... expliquez-lui de quoi vous l'avez accusée et dites-lui que votre perception de ces évènements étaient directement liée à votre souffrance qui découle d'une blessure de votre enfance. Continuez à prendre conscience de ce que vous ressentez...»

«Vous terminez maintenant ce que vous aviez à lui dire, et vous lui demandez si elle a un message pour vous. Prenez le temps d'écouter ce message... Il est maintenant le temps de vous quitter. Vous lui dites merci. Vous l'embrassez et elle disparaît. Vous quittez cette pièce et vous voyez une belle lumière qui vous guide vers une autre pièce. Vous entrez et vous vous retrouvez avec un tout petit enfant. Vous vous reconnaissez en lui. Il est serein, il vous prend par la main et vous guide vers ce petit ascenseur. La porte s'ouvre, vous vous retrouvez à nouveau avec cette personne et un autre petit enfant. Les deux petits enfants se prennent dans les bras l'un de l'autre et ils font la paix. Votre petit enfant intérieur vous regarde et vous tend les bras, vous le serrez très fort, près de votre cœur. Vous suivez la lumière qui vous guide et vous remontez les marches tout doucement... Vous laissez l'image s'effacer».

«Vous ouvrez maintenant les yeux... vous vous sentez en pleine forme, remplie d'énergie, très détendue et rafraîchie. Vous prenez une grande respiration, vous vous étirez et vous revenez lentement dans la pièce».

* * *

Madame Lalumière demanda à Catherine de noter ce qu'elle avait retenu de cette rencontre. Elle lui expliqua qu'elle aurait maintenant à compléter la prochaine étape qui consistait à écrire les pardons. Elle reprendrait donc la liste des accusations qu'elle avait adressées à l'une des femmes de sa liste, soit celle qui s'était présentée lors de la détente et elle écrirait pour chacune des accusations: ...je te pardonne de ... Par exemple: Jocelyne, je te pardonne de m'avoir fait mal, etc.

Elle lui mentionna également qu'il serait préférable de noter les conversations qui se dérouleraient au cours de ces détentes, et d'inscrire également ce qu'elle ressentirait au moment où elle complèterait sa liste de pardon. Catherine avait la journée du lendemain pour continuer ses démarches de pardon et entreprendre ses écrits à sa mère.

Avant de se retirer pour la nuit, Catherine informa Madame Lalumière de sa peur et de ses réticences à l'idée d'écrire cette lettre à sa mère. Madame Lalumière lui proposa de regarder cette peur de plus près.

— Nous avons déjà vu que derrière une peur se trouve souvent une croyance qui n'est plus bénéfique, si nous regardons de plus près cette peur que vous avez d'écrire à votre mère, pourriez-vous me dire ce que cela vous empêche de faire et d'avoir?

— Je crois que le fait de ne pas écrire à maman m'empêchera de prendre conscience des accusations de mon enfance et d'avoir accès à ces croyances que j'ai enregistrées depuis ce temps et qui expliquerait ma façon d'agir présentement.

— Et qu'est-ce que cela vous empêche d'être?

— Cela m'empêche d'être libérée, répondit Catherine.

– Et c'est quoi pour vous, être libérée? poursuivit Madame Lalumière.

Catherine prit quelques secondes avant de répondre, sondant son intérieur.

– Être libérée, c'est guérir des blessures de mon enfance.

– Vous venez, par cette réponse, de me dévoiler un autre besoin de votre âme. Voyons maintenant ce qui vous empêche vraiment de répondre à ce besoin fondamental... Si vous étiez complètement libérée des blessures de votre enfance, qu'est-ce qui pourrait vous arriver de désagréable?

– J'ai encore cette difficulté à vous exprimer ce que je trouverais désagréable...

– Abordons donc la question autrement... Si vous étiez libérée des blessures de votre enfance, comment pourrait-on vous juger ou de quelle façon vous jugeriez vous-même?

– Si j'étais complètement libérée, je craindrais que l'on me juge supérieure aux autres et je serais sûrement accusée de me prendre pour quelqu'un d'autre.

– Excellent, Catherine! Nous venons de découvrir votre croyance: les gens libérés sont des gens qui se prennent pour d'autres, qui se croient supérieur aux autres. Voici donc votre croyance, c'est-à-dire la décision que vous avez prise à la suite de l'association que vous avez faite dans votre petite tête d'enfant: les gens qui se sentent bien, qui sont libérés, sont des personnes qui se croient supérieures aux autres. Est-ce que vous vous souvenez si l'un de vos parents aurait pu véhiculer ce message au cours de votre enfance?

– Oui, je me souviens que maman me disait souvent que j'avais trop de considération pour moi, que j'avais l'air au-dessus de mes affaires... Ça me revient maintenant, elle me considérait trop exigeante et trop fière, alors que moi, je l'accusais de toujours se contenter de peu. Je considérais ces paroles comment très injustes et très négatives.

– Étant la personne que vous êtes maintenant, y-a-t-il un risque à ce que vous vous sentiez supérieure aux autres si vous libérez votre âme de ses blessures?

– Non... je ne crois pas.

– Voilà Catherine, c'est cela qui se cachait derrière votre réticence à écrire à votre mère. Je vais maintenant vous laisser seule, vous pouvez continuer votre démarche de pardon véritable avec toutes les femmes à qui vous avez écrit jusqu'à maintenant. Ainsi, vous serez vraiment prête à écrire à votre mère. N'oubliez pas que ces écrits feront autant de bien à votre mère, car ces accusations vous retiennent prisonnières l'une de l'autre. Acceptez de vous faire du bien et par ricochet, cela libérera votre mère dans l'invisible.

Catherine retourna à sa chambre pour se reposer. Elle voulait faire une halte pour reprendre des forces dans le but de se remettre en route et de poursuivre son itinéraire. Elle sait que le chemin qu'il lui reste à parcourir ne sera pas le moins escarpé. Elle s'en doutait le jour où elle s'est engagée sur cette route qui la conduirait à son âme. Elle se sentait arrivée à une étape cruciale. Elle ne voyait pas encore tout à fait comment elle aboutirait au bout de cette route de libération, mais elle sentait être sur la bonne voie. Elle savait que son intuition ne la trompait pas et elle accepta de s'y fier pour parcourir cette distance qui l'amènerait vers la guérison.

Elle remit donc au lendemain ses détentes et les exercices de pardon véritable et choisit de terminer cette journée dans la nature. Après un excellent repas, elle se dirigea à l'extérieur, contourna le phare et se rendit dans la forêt, au pied de la montagne. Tout était calme, l'endroit était merveilleux et la végétation abondante. Une multitude de fleurs multicolores dégageaient des parfums qui lui étaient inconnus jusqu'à maintenant. Elle décida de s'installer à l'orée de la forêt, dans une ouverture au pied de la montagne. Couchée dans l'herbe tendre, elle s'endormit tout doucement et fit un rêve. Elle se retrouvait à une soirée où elle rencontrait Jocelyne, Gisèle, Josée, Claudette et Micheline. Elles se racontaient des épisodes de leur enfance. Catherine se sentait très liée à toutes ces femmes et elle ressentait leurs blessures de petite fille. Elle s'exprimait elle aussi. Elles prenaient conscience qu'elles partageaient, sans s'en rendre compte, la même souffrance. La fraîcheur de la nuit qui tombait la réveilla. Elle retourna à l'auberge avec en tête le souvenir bien précis de son rêve.

Chapitre huit

Après une longue nuit de sommeil et après avoir complété les détentes de pardon, Catherine s'installa dans la salle nommée «libération». Pour la première fois, elle réalisait que cette pièce portait un nom vraiment approprié. Elle se sentit prête pour écrire à sa mère, l'étape ultime des exercices d'écriture.

Bonjour maman, aujourd'hui, je prends le temps de t'écrire maman, la première femme de ma vie, mon premier modèle. Quel modèle, tu n'étais vraiment pas toujours celui que j'aurais aimé avoir. Je suis aujourd'hui âgée de 33 ans, plus démunie que jamais, plus malheureuse et surtout ce qui me dérange le plus, c'est que je te ressemble de plus en plus, ce que je te reprochais, je suis en train de le vivre.

Quelle déception pour moi, je cherche à comprendre pourquoi j'en suis arrivée là. Mais au fond de moi, je sais que je ne m'aime pas, parce que je suis devenue surtout ce que je ne voulais pas devenir. Toi qui n'a jamais su prendre ta place, qui t'es toujours fait abuser par tout le monde, y compris ton mari et tes enfants, toi qui laissais les gens dire des choses de toi et parler dans ton dos. Je me rappelle lorsque nous étions tous assis à la table et que papa se moquait de toi, toi tu ne disais jamais rien, pour être soumise ou pour qu'il soit gentil et doux avec toi.

Je te trouvais tellement misérable de travailler toute la journée pour faire manger tout le monde, et comme remerciement, il se moquait de toi. Tu as fait cela toute ta vie, être au service des autres, sans jamais avoir de reconnaissance ni de remerciement... bien imagine-toi donc que maintenant, c'est moi qui vis avec cela. On ne rit pas de moi, mais c'est tout comme, je dois tout faire seule, c'est normal pour eux, j'ai appris comme cela, mais là, je m'aperçois que ce n'es pas comme cela que ça devrait se passer. Qui sommes-nous pour accepter d'être traitée ainsi? Avec le temps, j'ai complètement perdu mon estime de moi et ma joie de vivre. Quelle désastre.

Aujourd'hui, toute mon enfance me monte à la gorge et me serre le cœur. Je t'en veux énormément de ne pas m'avoir dit que tu m'aimais. Pourquoi? J'ai toujours eu le sentiment que j'étais un numéro dans ta vie... 17 mois, et déjà je n'avais plus ma place. Ma sœur est arrivée, toute petite, toute belle, toute blonde, moi j'étais brune et grosse, il fallait toujours que tu protèges ton fils, ta perle précieuse et ton petit bébé, et moi j'étais qui pour toi, qui...

Toujours mise de côté, jamais de place pour moi, pourquoi étais-je toujours obligée d'être grande et raisonnable

114

à deux ou trois ans? À cet âge, on n'a pas le goût d'être grande. Aujourd'hui à 33 ans, j'aimerais encore être petite pour que quelqu'un m'aime comme une petite fille... mais c'est trop tard, toi ma mère, tu n'as pas réussi à m'aimer comme une petite fille, imagine les autres. Combien de pirouettes j'ai dû faire pour me faire aimer de toi! Mais ce n'était jamais assez, jamais suffisant, il n'y en avait que pour les autres, je ne me sentais jamais à la hauteur.

Ce n'est pas ma faute à moi si je ressemblais à ma grand-mère et que papa te le disait souvent, je n'avais rien à voir la-dedans, moi. Je ne l'ai même jamais connue. Alors j'ai appris à être une grande fille très vite, être distinguée et aimable pour ne pas vous faire honte, c'était bien important, «ne pas vous faire honte», quelle foutaise. Mais encore là, ce n'était pas correct je me sentais devenir ce que tu aurais toujours voulu être.

Pas de place pour l'amour, le vrai amour entre une mère et sa fille. Je t'accuse d'avoir été indifférente avec moi, je t'accuse de ne pas m'avoir aimée comme moi j'aurais voulu être aimée. Je t'accuse de ne jamais m'avoir écoutée lorsque j'avais plein de choses à te raconter à mon retour de l'école, et que tu me disais toujours que tu devais faire le souper. «Maudit souper», ça n'aurait pas pu attendre une seule fois, moi j'avais plein de conseils à te demander et surtout j'avais tellement besoin de toi.

Aujourd'hui, j'ai mal à l'âme... mon âme pleure et j'ai tellement de difficultés à comprendre comment j'en suis arrivée là. Que s'est-il passé? Rien ne va comme je le veux, je suis tellement désabusée de la vie... plus j'essaie, moins je réussis. J'ai même peur de déplaire à Jacques, j'ai peur de ne pas être à la hauteur, j'ai peur de ne plus le comprendre, pourtant je l'aime tant. Plus ça va, plus je m'enfonce dans je ne sais quoi, je n'ai plus du tout la maîtrise de ma vie, l'ai-je vraiment déjà eu?

Lorsque l'on dit toujours comme les autres, tout va bien, pas de problème. À chaque fois que je veux prendre ma place, rien ne va plus, comme ma mère ! Ne jamais rien dire... cela n'arrange rien, au contraire. Pourquoi je n'arrive pas à prendre ma place comme tout le monde? Pourquoi les gens abusent-ils de moi comme si cela était normal? Je ne veux plus cela, donc je m'affirme... et rien ne va plus ! Je suis tellement déroutée. Quand je décide de demander, rien ne va plus, je ne comprends pas... moi aussi j'ai le droit d'avoir des attentes, des désirs, des besoins ! On me répond: «non attend que je ne sois plus fatigué, que je n'ais plus de problème, que j'ais plus de temps, plus de tout», attend, attend, attend,...

Catherine décida de prendre une pause. Ces écrits la remuaient beaucoup, ses pleurs la ramenaient à tous ces nombreux moments où elle avait pleuré seule. Elle avait tellement pleuré... Elle avait pleuré de rage, de colère... elle en voulait à ses sœurs, à son frère, à son père, à sa maman. Elle en voulait à tout le monde. Elle se rappelait maintenant de toutes ces larmes versées. En écrivant, elle s'était connectée à son âme et elle avait accès à cette souffrance enfouie au plus profond de son être depuis les premières années de son enfance. Dès lors, elle savait que la poursuite de cet exercice d'écriture à sa mère l'amènerait à prendre vraiment conscience de cette blessure profonde qui se cachait en elle depuis toutes ces années. Et elle pleura tout doucement en reprenant son travail.

Maman, je me donne le droit de t'écrire, parce que c'est très important pour moi et surtout parce que je n'ai jamais eu le courage de te dire ce que je ressentais... mes émotions, mes sentiments, mes accusations et ma colère envers toi. Je me sens très honteuse de ne pas l'avoir fait au moment où tu étais avec moi sur la terre, et en même temps, j'ai le cœur lourd de peine, car pour la première fois de ma vie, je vais te manquer de respect. Toute notre vie, je devrais dire toute ma vie, je n'ai pas su m'exprimer à ma guise, par peur de te manquer de respect. Mais tout ce temps-là, je manquais de respect envers moi. Aujourd'hui, je me suis choisie et je vais faire le grand ménage de ma vie avec toi.

Tu sais, lorsque l'on fait du grand ménage, ça dérange, ça bouleverse, ça vire à l'envers, mais après, tu sais comme on se sent bien et comme on est fière de soi. Du plus loin que je me souvienne, j'ai toujours eu le sentiment que j'étais un numéro pour toi, pas plus. Je n'ai pas su capter ton attention suffisamment parce que j'étais ta troisième fille, rien de plus banal qu'une autre fille.

Quelle déception aussi, ce sont des gars que papa avait besoin pour le commerce, pas des filles. Donc pas de place pour moi la petite Catherine, qui demandait rien d'autre que d'être aimée par une maman remplie de tendresse et d'affection... pas de l'ignorance, ni de l'indifférence. Les plus grandes élevaient les plus petites... toute une mentalité, je n'avais pas besoin d'une grande sœur moi, j'avais besoin de toi, ma maman à moi.

Lorsque j'ai eu un accident, tu m'as laissée toute seule à l'hôpital, je n'avais qu'un an. Tu ne penses pas que j'aurais eu le droit de t'avoir près de moi? Je sais, toute ta vie tu te l'es reproché... Si il n'y avait jamais de temps ou de place pour moi, alors pourquoi avoir fait autant d'enfants?

J'étais là et tu ne m'as jamais vue. Toutes les fois où j'aurais aimé que tu sois là, tu n'y étais jamais, j'espérais toujours pour rien, on dirait que tu faisais exprès pour ne pas être là. Ma petite sœur est née, j'avais seulement 17 mois... déjà, il fallait que je sois grande. Merde, à 17 mois, j'étais à peine venue au monde.

Comment peut-on être raisonnable à 17 mois, et grande en même temps? Je ne veux plus être grande et raisonnable! Combien de fois m'as-tu prise dans tes bras, moi toute seule? Combien de fois? Il n'y avait jamais de place pour moi toute seule. Moi aussi j'étais petite, très petite

118

même. Pourquoi fallait-il toujours que je sois grande et responsable? Je ne sais même pas c'est quoi être petite, être une petite fille... Non, sois grande et sage.

Tu m'as envoyée à l'école, j'avais seulement 4 ans et demi, une autre de moins à la maison... mais j'étais beaucoup trop petite pour commencer ma première année. J'ai appris à écrire et à lire toute seule, parce que là encore, tu n'avais pas de temps pour moi... tu me répétais que j'étais capable toute seule. C'est peut-être pour cela que j'ai appris à lire seulement en 3ᵉ année, lorsque je me suis rendue compte qu'il y avait seulement moi qui ne savais pas lire ! Toi tu ne voyais pas cela, tu n'avais pas le temps de faire lire Catherine le soir. Combien de fois j'aurais aimé que tu me fasses lire, juste pour que tu puisses voir que je lisais bien... mais non, ce n'était pas important pour toi ! Mais pour moi, c'était super important. Et surtout, il fallait que tu sois fière de moi, peut-être alors ferais-tu attention à moi... J'ai même été très malade pour que tu t'occupes de moi un peu plus ! Mais là non plus, ça n'a pas marché. Je restais seule toute la journée dans ma chambre, pour me reposer comme tu disais, mais c'était surtout pour ne pas t'embarrasser. On aurait dit que tu n'étais pas là, tu ne me voyais pas. J'avais beau faire plein de choses pour me rendre intéressante, il n'y avait rien à faire, tu ne voyais rien. Combien de fois, j'aurais aimé avoir une autre mère, comme celle de mes amies.

J'aurais tellement aimé être près de toi, discuter avec toi, parler de mes rêves d'enfant, de mes inquiétudes, de mes peurs, mais tu ne répondais jamais à mes demandes, jamais le temps. J'ai même inventé et répété des histoires de mes amies pour que cela soit plus intéressant et pour que tu m'écoutes.

Je te revois à l'évier de la cuisine, éplucher les patates tous les soirs à notre arrivée de l'école... c'était ton échappatoire pour ne pas t'occuper de moi. Le souper, combien de fois ton maudit souper a-t-il passé avant moi? Toujours. Tu n'as même pas pris soin de m'expliquer ce qui se passerait avec mon corps et mon être quand je deviendrais une «grande fille», comme tu disais. Ce sont mes amies qui me l'ont appris. Et elles, elles l'avaient appris de leur mère, moi il me fallait deviner. Pourtant, j'étais la quatrième de tes filles, ce n'était pas du nouveau, quand même. Encore une fois, ce n'était pas important ce que je ressentais, «arrange-toi avec tes troubles».

Je me suis tellement sentie négligée par toi maman, tellement rejetée... J'ai manqué de ton affection, de tes caresses, de tes baisers, de tes encouragements. Combien de fois tu m'as dit que j'étais une petite personne spéciale, que tu m'aimais, que tu étais fière de moi, que j'étais importante pour toi? Moi je ne m'en souviens pas. Tu n'as jamais pris le temps de me donner une carte pour mon anniversaire. Je suis née un 20 décembre, cinq jours avant Noël. Je n'ai jamais eu de jour de fête pour moi, un seul cadeau pour Noël et ma fête, quelle injustice. J'avais le droit moi aussi d'avoir une fête distincte de Noël, ma journée à moi toute seule... mais non, je n'étais pas assez importante pour cela.

Je n'ai pas de souvenirs d'avoir eu un cadeau de fête, sauf une fois où j'étais assez grande pour insister et je me demande si je ne l'ai pas fait moi-même... un semblant de fête, je me rappelle, seule après le souper... on en a pris une photo, quel miracle, une des rares photos de moi bébé, minuscule... Tu vois combien je comptais pour toi ! Et ce n'est même pas toi qui l'a prise, mais ma tante. Une chance, sinon je n'aurais jamais su à quoi je ressemblais lorsque j'étais petite. Pourquoi moi, tu ne m'as pas amenée chez le photographe, comme mes sœurs ? Je n'étais pas assez belle ou importante ? Ce n'était plus nouveau...

Je t'en veux maman de m'avoir ignorée, d'avoir pris pour acquis que j'étais heureuse. Aujourd'hui, il faut que j'apprenne à m'aimer, et je ne sais pas comment faire, parce que tu ne me l'as pas montré. Tu m'as seulement montré à être soumise et dévouée pour tout le monde, sauf pour les gens que l'on aime. Les gens me parlent de toi, et je ne te reconnais pas... c'est pour dire, tu étais différente avec les étrangers ! Tu étais pleine d'amour ... tu aurais pu m'en donner un peu, juste pour moi, j'aurais tellement apprécié cela...

À la maison, il fallait toujours travailler, comme s'il y avait seulement cette option dans la vie. Profiter de la vie, je ne connais pas cela moi. Tout ce que tu m'as montré, c'est travailler, travailler, dans ton jardin, dans la maison, au commerce... ah ! que je détestais cela, j'avais honte de dire où je vivais. Pour être très honnête, j'aurais aimé vivre dans une maison belle et propre... chez nous, c'était propre mais souvent en désordre, mais ça ne te dérangeait pas... moi, beaucoup. J'ai l'impression que toi et moi, nous n'avions aucune affinité l'une envers l'autre. Pourquoi te laissais-tu traiter comme cela par papa ou les autres ? Pourquoi n'as-tu jamais pris ta place ? Aujourd'hui je lutte pour prendre ma place, mais encore là, je ne sais pas comment, je ne t'ai jamais vu faire cela. Chez nous, une femme ce n'était rien, ça ne valait rien... pas le droit d'avoir de l'ambition, des rêves, des projets... à chaque fois que j'avais le goût de te partager mes rêves, tu me répondais que je n'avais pas besoin de cela, j'allais me marier et avoir des enfants, me faire vivre par mon mari. Quelle belle perspective de vie pour une adolescente de 15 ans ! Quel dégoût, ne plus avoir d'ambition ni de rêves.

Moi, je ne voulais pas être comme toi, ah, ça non jamais. Ça doit être pour cela que tu n'as jamais encouragé mes rêves ni mes projets, jamais rien pour me montrer que tu étais fière de moi. Tout ce qui m'est arrivé dans la vie, tu croyais toujours que cela venait des autres. Mon premier travail en ville... comme j'étais fière de moi, mais toi tu disais que papa m'avait trouvé ce boulot... peut-être avait-il dit un bon mot pour moi, mais si les employeurs ne m'avaient pas aimée, ils ne m'auraient pas choisie. Tu n'as jamais compris cela, toi. J'aurais aimé avoir beaucoup de reconnaissance de toi, j'attends encore. Toute ma vie a été orientée pour te faire plaisir, et tu ne l'as jamais vu. Pourquoi avais-tu autant d'admiration pour mon frère? Pourquoi lui avait-il droit à tous les privilèges, et moi à rien? Quelle injustice de ta part. Tu n'as jamais rien fait juste pour moi, prendre du temps pour moi, pour me faire plaisir, les autres ont toujours passé avant moi. On dirait que tu n'as jamais vu mes qualités, mes capacités et mes possibilités. Pourquoi?

Un jour, j'ai décidé de te tourner le dos et de faire ce que j'aimais et ce que j'avais le goût de faire. Et toi, tu as continué à ne pas être là, tu ne t'es même pas aperçu que je m'étais éloignée de toi. Je ne prenais pas beaucoup de place dans ta vie, parce que tu ne réalisais pas le vide que cela faisait. Tu en avais que pour Bertrand, qui a toujours pris toute la place. Pourquoi ne venais-tu jamais m'aider chez moi après mon mariage? Moi aussi j'aurais aimé t'avoir pour apprendre comment prendre soin de la maison. C'était lourd pour moi tout cela, j'étais seule toute la semaine, mon mari travaillait à l'extérieur, et tu ne venais jamais me voir. Je restais à deux maisons de toi... tu en trouvais du temps pour les autres, moi aussi j'aurais aimé avoir ton encouragement. Mais non, tu le donnais à ma belle-sœur... qu'est-ce qu'elle avait de plus que moi, elle? Elle avait ton fils. Je vivais les mêmes choses qu'elle, nous nous étions mariées à un mois de différence. Tu vois, encore là, je n'avais pas eu ma place, juste un mois comme nouvelle mariée. Combien de fois, je t'ai vu traverser chez elle pour l'aider... et moi là-dedans, je suppose que je n'avais pas besoin d'aide. Je devais travailler à l'extérieur pour arriver à joindre les deux bouts, mais toi tu ne comprenais pas. Tu n'as jamais eu à faire cela, toi...

Pourquoi elle, elle avait le droit de profiter de toi? Elle avait sa mère en plus qui la choyait déjà beaucoup. Moi, j'étais abandonnée par toi, comme depuis le premier jour de ma naissance. Pourquoi avait-elle droit à tes faveurs? Tu le faisais encore pour ton fils. Rien que pour lui, toujours. Pourtant lorsque c'était le temps de me demander de l'aide, tu savais où j'habitais! Et tu te souvenais de mon numéro de téléphone pour que je puisse t'amener faire tes commissions, aller à Montréal, partout quoi. Tu n'as jamais voulu prendre ton cours de conduite... tu vois

124

comme tu as été dépendante de tout le monde, toute ta vie. J'aurais tant aimé être appréciée de toi maman, j'aurais aimé que tu m'aimes et que tu me le dises. Le fait que je sois née la 6e m'a peut-être enlevé du prestige... pourquoi la tradition finissait-elle toujours à Bertrand? Ta famille a toujours tourné autour de lui, seulement lui, après il n'y avait plus rien pour personne.

Ses enfants étaient mieux que tous les autres, tout était mieux chez lui. Moi, ta petite fille Catherine, j'aurais voulu compter pour toi et que tu me le dises. Un jour tu m'as tellement blessée, tu m'as dit: «tu n'es pas une vraie mère, parce que tu travailles à l'extérieur. c'était cruel, moi aussi j'aurais aimé rester à la maison, mais mon père ne payait pas mes factures à moi, toi tu ne voulais pas comprendre. Tu faisais l'aveugle... moins on en sait, moins on est coupable. Tu aurais peut-être aimé cela toi, travailler à l'extérieur. Peut-être aurais-tu été une meilleure mère? Parce que tu sais, ce n'est pas la quantité de temps passer à la maison qui compte, mais la qualité du temps passer avec tes enfants. Toi tu étais toujours là mais tu ne t'occupais pas de moi, alors quelle différence... Tu n'as pas pris la peine de me connaître et de comprendre quelle petite fille extraordinaire j'étais. Tu as préféré m'ignorer et me prendre pour un numéro.

Et voilà maman de quoi je t'accuse :

— *je t'accuse de m'avoir fait remettre en question*

— *je t'accuse de m'avoir fait vivre de la colère*

— *je t'accuse de m'avoir fait pleurer*

— *je t'accuse de m'avoir fait vivre de l'injustice*

— *je t'accuse de m'avoir fait perdre ma joie de vivre*

— *je t'accuse d'avoir blessé mon âme*

— *je t'accuse d'avoir ruiné ma vie*

— *je t'accuse d'avoir douté de moi*

— *je t'accuse de m'avoir blessée*

— *je t'accuse de m'avoir accusée de manquer de courage*

— *je t'accuse de ne pas m'avoir écoutée*

— *je t'accuse de m'avoir fait sentir que j'étais un numéro*

— *je t'accuse d'avoir abusé de ma bonté*

— *je t'accuse de t'être servie de moi*

— *je t'accuse de m'avoir toujours ignoré*

— *je t'accuse d'avoir été indifférente avec moi*

— *je t'accuse de m'avoir fait vivre des émotions désagréables*

— *je t'accuse de m'avoir fait sentir que je n'étais rien*

— *je t'accuse de ne jamais avoir considéré mes besoins*

— *je t'accuse de ne jamais avoir encouragé mes projets*

— *je t'accuse de n'avoir jamais écouté et encouragé mes rêves*

— *je t'accuse de m'avoir fait mal*

— *je t'accuse d'avoir jouer avec mes sentiments*

— *je t'accuse de ne pas m'avoir connue*

— *je t'accuse de ne pas m'avoir respectée*

— *je t'accuse de m'avoir fait sentir coupable*

— *je t'accuse de ne pas m'avoir aimée comme je le voulais*

— *je t'accuse de ne pas avoir pris ta place*

— *je t'accuse d'avoir accepté d'être ridiculisée*

— *je t'accuse d'avoir été trop aux services des autres*

— *je t'accuse d'avoir été soumise à tout le monde*

— *je t'accuse de ne pas avoir pris conscience de ma présence*

— *je t'accuse de ne pas avoir pris du temps pour moi*

— *je t'accuse de ne pas m'avoir donnée une place dans ta vie*

— *je t'accuse de ne pas avoir pris du temps pour me montrer à lire*

— *je t'accuse de m'avoir envoyée à l'école pour te débarrasser de moi*

— *je t'accuse de n'avoir jamais répondu à mes demandes*

— *je t'accuse de ne pas avoir tenu compte de ce que je ressentais*

Catherine se sentit soulagée d'avoir complété ses exercices d'écriture. À sa grande surprise, elle découvrit toutes les accusations qu'elle avait adressées à sa mère. Elle en était déconcertée. Elle constatait que plusieurs accusations qu'elle avait adressées auparavant à ses amies, à ses sœurs et à sa cousine se répétaient envers sa mère. Petit à petit, la lumière se faisait en elle. Tout ce qu'elle avait appris de plus important depuis le début de son séjour à l'auberge, elle était en train de le vivre elle-même. Elle comprenait de plus en plus que sa façon de réagir dans plusieurs situations était directement influencée par cette souffrance des blessures non guéries de son enfance. Tout se tenait maintenant. L'obligation de mettre fin à toutes ses activités à la suite de cet épuisement professionnel n'était donc pas le fruit du hasard. Elle sentait le besoin d'être remise sur la bonne route, celle à suivre pour ne plus perdre contact avec son être, avec son âme. Il lui tardait d'exprimer à Madame Lalumière tout ce qu'elle ressentait.

Aussi, dès que l'heure du rendez-vous arriva, elle se rendit sans hésitation à l'atelier. Madame Lalumière remarqua tout de suite que Catherine était pleine d'énergie et que tout doucement, s'effaçaient en elle les traces de vulnérabilité. Catherine l'informa en détails de sa prise de conscience fondamentale et elle se dit très heureuse d'avoir osé suivre les consignes et vaincre ses peurs. Madame Lalumière jugea maintenant que Catherine était prête à vivre la dernière étape d'enseignement sur le pardon.

– Vous voici ici, à l'Auberge du Phare, construite au pied de la montagne du pardon, commença-t-elle. Vous avez accepté de vous laisser guider par sa lumière pour arriver au pardon véritable. Cette lumière vous a guidée tout au long de votre parcours de retour vers vous-même. Vous avez écrit à plusieurs personnes avec lesquelles vous vous étiez retrouvée dans des situations vous ayant fait vivre des émotions ou qui vous font encore vivre des émotions. Vous vous êtes permis d'écrire sans peur ce que vous viviez, ce que vous pensiez, ce que vous ressentiez. Avez-vous trouvé que ces femmes avaient été injustes ? Vous êtes-vous plutôt sentie abandonnée ou rejetée, ou bien croyez-vous que ces femmes vous ont trahie ou humiliée ? Observez maintenant ce qui se passe en vous, devenez consciente de la souffrance avec chacune d'elles, devenez consciente de vos blessures intérieures.

Tout à coup, telle une grande lumière qui jaillit dans une pièce, Catherine prit conscience que plusieurs de ses accusations aux femmes de sa vie étaient reliées à la trahison et à l'injustice. Elle se rappelait également que lors de sa première rencontre avec Madame Lalumière, il avait été question de cette blessure d'injustice qui était toujours reliée au parent du même sexe. Elle entendait à nouveau Madame Lalumière qui expliquait: «maintenant que vous connaissez les blessures que ces personnes ont réveillées en vous, prenons comme exemple la blessure d'injustice, réalisez qu'elles sont dans votre vie pour une raison bien spécifique. Elles sont justement là pour vous aider à devenir consciente de cette blessure intérieure qui, comme une plaie ouverte, fait mal à chaque fois que vous revivez une situation semblable. Si cette blessure n'avait pas existé, vous auriez eu une toute autre réaction vis-à-vis ces femmes et vis-à-vis ces situations. Si vous ne vous occupez pas de sa guérison, vous continuerez à souffrir dans le futur. Le seul moyen sûr de guérir c'est de retrouver le chemin de votre âme par l'amour véritable, et l'outil indispensable est le pardon véritable. En complétant votre démarche ici, vous y parviendrez».

– Ceci expliquerait donc, rajouta Catherine, que plusieurs accusations se répétaient à travers mes expériences avec mes amies, mes sœurs, mon associée en affaires et même ma cousine, sans oublier la femme la plus importante de ma vie, ma mère.

– Oui. Si un jour vous avez l'opportunité de rencontrer certaines de ces femmes, en les laissant parler de leurs peurs, vous découvrirez qu'elles ont les mêmes blessures. Au moment où elles se confieront à vous, vous essaierez de vous placer dans leur peau. Ainsi vous réaliserez que ces personnes ont vécu la même chose que vous et que certaines de leurs blessures ne sont pas encore guéries.

En pleine introspection, Catherine manifesta son désir de compléter sa détente dirigée pour faire le pardon avec sa mère. Elle avait également l'intention de compléter sa liste de pardons avec elle. Tout s'éclairait en elle! Elle sentait qu'elle serait très bientôt en mesure de changer la tournure de ces écrits et d'écrire pour la première fois de sa vie, une lettre d'amour à sa mère. Elle se sentait de plus en plus sereine et avait hâte de parcourir ces étapes.

Chapitre neuf

Deux jours s'étaient écoulés depuis l'exercice du pardon à maman et Catherine était maintenant prête à commencer sa lettre d'amour à sa mère. Bien reposée, elle se sentait de plus en plus énergique. Elle savait maintenant qu'elle était vraiment sortie du tunnel. Quelle belle expérience pour conclure cette démarche de retour sur soi que d'écrire une lettre d'amour à cette maman qui avait été son premier modèle féminin.

Bonjour maman, c'est encore moi, ta petite Catherine qui a un message bien spécial pour toi. Je suis dans un tournant de ma vie où j'apprends à m'aimer. J'en suis très fière et heureuse également. Je prends quelques minutes pour toi toute seule. J'aimerais te dire combien je t'aime, comme tu as été une maman remplie de lumière et d'amour.

Souvent je t'ai jugée et critiquée, mais je sais aujourd'hui, après avoir fait du travail sur moi et après avoir complété de nombreux écrits, que tu as été la maman que j'ai choisie et dont j'avais besoin pour me réaliser et atteindre une partie de moi que je me devais de découvrir.

Je te demande pardon du plus profond de mon être. Tu as été un être d'amour et de lumière dans ma vie, et je suis certaine maintenant que tu m'as aimée autant que l'on est capable d'aimer quelqu'un. Je sais que tu as fait du mieux que tu pouvais afin de me donner ce dont j'avais besoin pour devenir la Catherine que je suis aujourd'hui. Toutes tes belles qualités, je les possède, et j'en suis fière. J'ai encore beaucoup de travail à faire cependant pour être aussi aimante et généreuse que tu l'as été envers les gens de ton entourage.

Tu sais ma belle maman d'amour, tu as été et seras toujours un modèle que je garde dans mon cœur. On reconnaît ces choses toujours trop tard, quand la personne est partie de l'autre côté. On réalise combien elle était importante et combien elle remplissait une place très importante dans ce que j'ai de plus précieux: mon âme.

J'aimerais te prendre dans mes bras afin de pouvoir sentir ton amour pour moi. J'aimerais te prendre dans mes bras pour te dire tout l'amour que j'ai pour toi, ma belle maman. Je suis fière que tu fasses partie de mes plus beaux souvenirs. Ton courage et ta force m'aident à poursuivre mon chemin de vie, pavé de ton amour pour moi.

Où que tu sois, là-haut dans les cieux, en train de scintiller de tout ton être, de toute ton âme, je reçois ici tes vibrations d'amour et je m'en remplis. Il n'y a pas de mots

132

pour t'exprimer toute la reconnaissance que j'ai pour toi, ma toute petite maman.

Je t'aime d'un amour pur. Merci de m'avoir donné la vie, merci de m'avoir aimée, merci de m'avoir transmis tes valeurs, merci d'avoir été là et merci de faire partie de ma vie.

Je t'aime ma toute belle petite maman.

Catherine.

Catherine avait parcouru une longue route pour compléter ces étapes qui l'ont amenée au pardon des femmes de sa vie. La compréhension de la présence des blessures profondes en chacun de nous avait facilité son cheminement. Elle se rappelait toutefois que son itinéraire n'était pas terminé. Tout au long du parcours de cette route vers son âme, elle savait qu'au dernier détour, à la dernière courbe, l'attendait une étape primordiale et vitale pour que toute cette lumière puisse continuer de briller en elle: l'exercice du pardon de soi.

Catherine réalisa qu'elle aurait encore besoin d'être guidée et elle retourna à l'atelier rencontrer Madame Lalumière. Elle lui remit ses derniers écrits et lui demanda de continuer à lui montrer la route à suivre. Elle voulait franchir cette étape ultime, le pardon de soi.

– Voyez-vous Catherine, il faut se pardonner soi-même d'en avoir voulu aux autres. Lorsque nous réalisons que le pardon se fait à l'intérieur de nous, lorsque nous regardons la personne qui nous a offensés et que nous sommes capables de nous mettre dans ses souliers, alors nous nous sentons coupable de lui en avoir voulu et de l'avoir jugée.

«Que nous ayons pensé, écrit ou dit quelque chose, peu importe, cela nous détruit à l'intérieur car c'est contraire à la loi de l'amour. Pendant que nous avons ces pensées négatives, il n'y a aucune place pour des pensées créatrices dans notre vie pour être plus heureux. Notre corps ressent aussi ces difficultés et ce n'est pas ce que l'âme veut vivre.

«Le pardon de soi est alors primordial. Regardez maintenant en vous si ce que vous avez fait, à ce moment-là, était vraiment mal... peut-être n'êtes-vous pas coupable? Alors dites-vous: «je me pardonne de m'être accusée injustement». Si vous avez accusé quelqu'un d'autre injustement, il est important que vous lui demandiez pardon. Lorsque vous posez ce geste, vous lui démontrez du respect, et vous évitez que la même situation vous arrive.»

«Finalement, le seul être auquel vous devez pardonner, c'est vous-même et il se peut que ce soit l'exercice que vous trouviez le plus pénible. N'oubliez pas toutefois que si vous considérez que ce que vous avez fait est impardonnable, qui pourra donc un jour vous pardonner? Nous sommes tous des êtres humains et nous vivons tous avec plus ou moins de souffrance dans notre être. Toute action posée mérite le pardon, rien n'est impardonnable».

«Le pardon de soi exigera de vous une lucidité, une compassion, une volonté et une intention plus accentuées. Vous pardonner à vous-même sera la tâche la plus difficile à laquelle vous vous attaquerez car vous devrez, pour cela, apprendre à vous accepter et à vous aimer inconditionnellement, c'est-à-dire accepter pleinement et entièrement ce que vous êtes, dans l'expression simple et sincère de votre plénitude. C'est à partir de votre volonté d'accepter sans juger tout ce que vous êtes, vos défauts apparents au même titre que vos qualités, que naîtra l'amour de soi. S'aimer et se pardonner sont essentiellement synonymes. Le pardon de soi plonge ses racines dans votre enfance, il vous amènera à guérir vos sentiments malsains de culpabilité et de honte».

– Quelles sont les étapes à suivre pour en arriver au pardon de soi? demanda Catherine.

– Le pardon de soi consiste:

1) à reconnaître la réalité des évènements qui se sont déroulés dans votre vie,

2) à assumer la responsabilité de chacun de vos actes et de toutes vos réactions,

3) à tirer profit de l'expérience en admettant l'existence des sentiments plus profonds qui ont motivé les comportements et les pensées pour lesquels vous vous sentez aujourd'hui coupable et à cause desquels vous vous jugez négativement,

4) à ouvrir votre cœur et à écouter avec compassion les craintes et les appels à l'aide et à la reconnaissance qu'il abrite,

5) à guérir les blessures émotives en répondant de manière saine, aimante et responsable à ces appels,

6) à entrer en contact avec votre être, à affirmer votre innocence fondamentale, car même si vous vous êtes rendue coupable d'un comportement précis, votre âme est toujours innocente et digne d'amour.

«Ainsi en pardonnant, vous lâcherez prise et vous ouvrirez votre cœur à quelque chose de merveilleux pour vous. L'amour fleurira en vous, et vous attirerez autour de vous toute cette belle énergie que vous aurez retrouvée. Vous pourrez ainsi créer votre vie positivement, et l'amour que vous dégagerez et que vous attirerez en même temps vous apportera le bonheur, la beauté, la santé et la paix partout autour de vous. Si vous émettez seulement de l'amour dans votre vie, les émotions négatives ne pourront pas être attirées vers vous».

«Créer notre propre vie signifie que tout ce qui nous arrive est le résultat de ce que nous avons semé autour de nous dans notre vie. Il est donc très important que l'on cesse de blâmer les autres autour de nous. Si quelque chose nous arrive, c'est que cette expérience nous aidera à nous aimer davantage. Nous pouvons refaire ainsi notre corps émotionnel afin qu'il y ait seulement de la belle lumière blanche et de l'amour pour attirer les plus belles expériences dans notre vie».

– Est-ce que le pardon de soi amènera réellement des changements aussi important dans ma vie? demanda Catherine étonnée.

– Vous pardonner véritablement entraînera une transformation intérieure extraordinaire. Vous aurez l'impression qu'un poids accablant vient d'être enlevé de vos épaules et vous vous sentirez soulagée, pleine d'énergie, voire même rajeunie. Vous vous sentirez différente car il faut tellement d'amour pour en arriver à se pardonner que vous commencerez alors à éprouver des sentiments différents venant de votre cœur. Vous vous rendrez compte vous-même que pardonner à l'autre constitue un geste important certes, mais que le pardon de soi conduit à une guérison complète. De plus, votre processus de pardon sera extraordinaire car il détruira le cercle vicieux qui s'était créé dans vos relations avec les femmes.

– Y-a-t-il des gens qui éprouvent plus de difficultés à se pardonner?

– Les personnes qui éprouvent les plus grandes difficultés à se pardonner sont celles qui deviennent conscientes d'en avoir beaucoup voulu à leur père ou à leur mère. Par exemple, regardons les gens qui sont victimes d'un cancer. La principale cause métaphysique du cancer est sans l'ombre d'un doute le manque de pardon de soi. Un grand nombre de personnes atteintes de cancer qui nous ont visités ici à l'auberge en avaient voulu à l'un de leurs parents du temps de leur enfance; elles avaient été déçues de l'amour reçu de leurs parents et cette déception s'était transformée en rancune ou en haine. Elles éprouvaient généralement de grandes difficultés à s'avouer qu'elles pouvaient être habitées par ces émotions. Elles ne voulaient pas du tout le reconnaître car elles avaient tellement honte de leur en avoir voulu qu'il était impossible pour eux de se pardonner. Cette honte était inconsciente et ces personnes démontraient généralement beaucoup d'amour envers leurs parents pour cacher ces sentiments de rancune ou de haine. Derrière cette honte se cachait toujours un très grand amour déçu. Ainsi, ceux qui avouent leur haine envers leur père ou leur mère pour une raison quelconque ne sont habituellement pas atteints de cancer. La guérison du cancer vient véritablement du pardon de soi».

– Je vois à quel point le pardon de soi est l'élément essentiel à la guérison de l'âme... Mais comment vais-je m'y prendre? s'inquiéta Catherine».

– Vous avez besoin de vous pardonner et de ressentir de la compassion envers vous-même. Vous allez vous imaginer prenant dans vos bras l'enfant blessé en vous, celui qui a souffert d'un incident quelconque. En entrant en contact avec cette partie en vous qui a souffert et qui souffre encore, ayez de la compassion pour cette partie, donnez-lui le droit d'avoir souffert et d'avoir réagi. C'est ainsi que vous vous pardonnerez. Se pardonner, c'est s'aimer. La blessure en vous sera guérie lorsque que vous ressentirez un soulagement et une libération là où se trouvaient ressentiment et douleur.

«Pour en arriver à vous pardonner, vous devrez donc simplement donner le droit à cette partie en vous d'avoir souffert, d'avoir critiqué, d'en avoir voulu ou même d'avoir haï quelqu'un suite à cette souffrance.

– J'aimerais recevoir quelques éclaircissement sur la compassion. Est-ce qu'elle s'applique aux autres ou à moi?

– Avoir de la compassion pour les autres, c'est être capable de se sentir solidaire de leurs souffrances, c'est être capable de se mettre dans leurs souliers et de sentir leur malaise. C'est être capable de se mettre dans leur peau et de voir leur besoin d'amour non comblé. C'est aussi voir l'autre personne comme un enfant qui a très peur d'être jugé, peur de ne pas être aimé, peur d'être injuste et qui en souffre.

«Avoir de la compassion pour vous, c'est respecter le fait que vous avez des limites, que vous êtes humaine. C'est reconnaître que nous sommes tous ici pour vivre des expériences, pour nous observer à travers elles et non pas pour porter des jugements ou comparer nos expériences avec celles des autres. Nous avons tous notre plan de vie personnel et chacune des expériences que nous vivons a sa raison d'être, tout comme il existe une raison bien particulière aux expériences que vivent les autres. Il n'existe pas d'autres façons d'apprendre sur le plan physique qu'en vivant des expériences et en apprenant des résultats de celles-ci».

«Avoir de la compassion pour soi veut aussi dire accepter inconditionnellement que toutes les actions, toutes les paroles, toutes les décisions, tous les écrits que vous avez faits jusqu'à aujourd'hui avaient leur raison d'être, qu'ils n'ont pas été le fruit du hasard et que tout était correct. Cette acceptation totale et sans réserve est aussi le respect de soi et l'amour véritable de soi. Le refus d'accepter certaines situations vous amènera à les revivre sans cesse jusqu'à ce que vous appreniez à les accepter. Les blocages à tous les niveaux de votre vie sont causés par la non-acceptation. L'acceptation signifie donc accueillir avec douceur, bonté et compassion la fragilité et la faiblesse des êtres humains».

«Concrètement maintenant, vous aurez à compléter une liste d'accusations qui s'adressent à vous. De plus, vous aurez à reprendre contact avec l'enfant en vous. Celui-ci a besoin de savoir qu'il est digne d'amour et de respect inconditionnels, même s'il n'a jamais connu cela auparavant. L'effort que vous ferez pour reprendre contact avec lui, étape cruciale pour votre guérison, vous conduira à une meilleure compréhension de ce qui ce passe en vous».

«Je vous remets ici un document vous expliquant l'exercice de visualisation que vous aurez à compléter. Si vous le désirez, vous pourrez également écrire ce que vous aurez ressenti au cours de cet exercice».

Catherine accepta le document et remercia chaleureusement Madame Lalumière. Elle opta pour quelques heures de repos et de ressourcement dans la nature. Il faisait très beau et le calme de la campagne l'invitait à se recueillir quelques instants. Elle était très fière du chemin parcouru jusqu'à maintenant et heureuse d'être capable de se donner enfin de la reconnaissance pour le travail de libération qu'elle s'apprêtait à compléter. Le retour vers maman accompli, elle envisageait d'effectuer un jour le retour vers papa.

Après son repos, Catherine dressa la liste des accusations et des pardons. Puis, elle s'installa confortablement et compléta l'exercice de visualisation.

* * *

«Commencez par respirer profondément afin de vous détendre entièrement. Suivez votre respiration... inspirez, expirez... Au bout d'une minute environ, comptez trois, deux, un, zéro à chaque expiration. Une fois parvenu à zéro, imaginez que vous vous trouvez devant une porte. De l'autre côté de cette porte se tient l'enfant qui vit en vous, à un stade de votre vie où vous aviez besoin d'être rassurée et réconfortée par un adulte affectueux, doux et digne de confiance... imaginez-vous être en présence de l'enfant que vous étiez, cet enfant qui a souffert et qui a accusé quelqu'un d'autre. Prenez cet enfant dans vos bras tout en ressentant beaucoup de compassion envers lui maintenant que l'adulte que vous êtes sait que cette accusation fut causée par sa souffrance. L'enfant en vous ne le sait pas; il a besoin de l'entendre et surtout il a besoin de se sentir accepté et pardonné».

* * *

Catherine vécut intensément cette visualisation. Lorsqu'elle en sortit, elle écrivit ses commentaires: j'ai vu une petite fille exaspérée et effrayée, qui manquait d'affection et qui avait de la difficulté à formuler un jugement approprié. Cet enfant a continué de vivre en moi jusqu'à l'âge adulte, en ressentant toujours ce manque d'amour, de compréhension et de réconfort. Je l'ai pris dans mes bras, je l'ai serré très fort et l'ai assuré de mon amour inconditionnel. Nous allons dorénavant vivre tous les deux dans l'amour.

Soulagée, Catherine se savait presque arrivée à destination. Encore une dernière halte et elle verrait poindre la lumière en elle, telle celle du phare qui a guidé, jadis, tous les marins.

Catherine se sentait sereine grâce aux exercices d'écriture qui l'avaient aidé à se libérer et grâce au pardon véritable. L'écriture lui avait permis de prendre conscience que toutes ces femmes avaient joué un rôle dans sa vie pour lui permettre de retrouver la route vers maman. En mettant en lumière toutes les accusations, elle avait pu demander pardon à sa mère de lui en avoir voulu. De plus, elle avait mis en lumière ses propres accusations et s'était pardonnée. Elle avait aussi réalisé que les traits de personnalité de sa mère qu'elle n'acceptait pas et ce qu'elle lui reprochait, étaient directement liés à ses accusations personnelles ou à tous les comportements qu'elle n'aimait pas en elle. Elle se proposait de demander à Madame Lalumière de l'éclairer sur ce sujet.

Catherine avait très hâte au lendemain pour obtenir ces éclaircissements. En même temps, elle ressentait beaucoup de nostalgie car elle savait qu'elle devrait très bientôt mettre fin à son séjour à l'auberge. Elle avait parcouru une longue route en peu de temps. Elle se sentait maintenant en paix avec elle-même. Elle découvrait qu'elle avait dorénavant accès à des parties d'elle dont elle ignorait complètement l'existence, il y a moins de deux semaines.

Après une longue marche au pied de la montagne et un excellent repas, Catherine se coucha tôt. Elle voulait être dispose pour la dernière période d'enseignement de Madame Lalumière.

Chapitre dix

– Bonjour, dit Catherine en voyant Madame Lalumière. Il m'est difficile de réaliser que c'est notre dernière rencontre. Je me sens très sensible ce matin... en même temps que j'éprouve de la tristesse à l'idée de vous quitter, je ressens une volonté de continuer ma route vers l'amour véritable. Je sais que pour y parvenir, je dois partir et poursuivre ma vie.

– La guérison de votre âme se déroule bien, Catherine. Avant que nous débutions cette dernière session d'enseignement, auriez-vous des questions?

– J'ai constaté que les accusations que j'adressais à ma mère étaient similaires à mes accusations personnelles... pourriez-vous m'expliquer pourquoi?

– Tous les traits de personnalité ou les comportements que vous avez refusés chez votre mère font partie de vous, parce qu'elle a été votre premier modèle et que vous êtes une femme. Ce sont également tous les aspects de vous que vous n'aimez pas ou que vous n'acceptez pas. Ceux-ci sont également le reflet de ce que vous n'acceptez pas de votre principe féminin.

– Pouvez-vous élaborer? demanda Catherine.

– Bien sûr. D'ailleurs, ceci est au programme aujourd'hui. Nous verrons en détails les différences entre le principe masculin et le principe féminin en nous, de plus nous mettrons en lumière les conséquences de la non-acceptation de l'un ou l'autre de ces principes, ce qui explique notre façon de réagir et de nous aimer.

«Le principe masculin, autant chez les hommes que chez les femmes, est le côté rationnel, le côté logique, le côte qui calcule, qui analyse. C'est un aspect très fort tant chez les femmes que chez les hommes. C'est le côté qui veut comprendre, c'est notre côté actif, c'est ce qui nous aide à passer à l'action. La force, le courage, la volonté, la persévérance sont des façons d'exprimer notre principe masculin. Le pouvoir et la domination font également partie de ce principe. Ce principe est donc relié à la tête. Notre individualité et notre création s'expriment également à partir de ce principe. Le principe masculin est actif».

«Le principe féminin, quant à lui, est le côté intuitif. Il représente les désirs, les sentiments, la spontanéité, la joie, l'admiration, la tendresse, les arts, la musique et la poésie. C'est le côté intuitif de la personne. C'est aussi le côté passif, celui qui reçoit les messages de notre être, de notre âme. C'est pour cela que la sagesse est reliée au principe féminin, et cela n'a rien à voir avec le fait d'être un homme ou une femme. Nous vivons en harmonie lorsque nos principes masculin et féminin travaillent ensemble».

«Une personne qui pense continuellement et qui ne passe jamais à l'action opère seulement avec son principe féminin. Cette personne ne se sent pas bien car elle est toujours incapable de passer à l'action, soit qu'elle est envahie par la peur, soit qu'elle n'y croit pas, soit qu'elle se sente insatisfaite ou soit qu'elle ne s'aime pas et n'est pas heureuse».

«L'autre personne qui passe toujours à l'action et qui n'écoute pas sa femme intérieure, agira pour faire plaisir à tout le monde, elle accomplira tout ce que les autres attendent d'elle, fera des pirouettes pour être aimée des autres. Son homme intérieur n'écoute pas la femme en elle, il écoute seulement le monde extérieur».

«Ainsi, si vos relations avec les femmes en général sont insatisfaisantes, si vous vous sentez moins bien en présence des femmes, si vous avez de la difficulté à travailler avec des femmes ou si vous trouvez cela difficile d'être dirigée par une femme, c'est que vous n'acceptez pas le principe féminin en vous».

– Quelles sont les conséquences, dans notre vie de tous les jours, de ne pas accepter le principe féminin en nous en tant que femme? demanda Catherine.

– La personne qui n'accepte pas le principe de son propre sexe sera une personne qui aura peur d'être rejetée. Elle aura tendance à contrôler et fera toutes sortes de pirouettes pour être aimée. Elle aura l'impression qu'elle se fait envahir, qu'elle n'a pas de place ou elle se laissera facilement envahir par les membres de sa famille.

«Si vous êtes une femme et que vous n'acceptez pas la femme en vous, cela veut dire que, pour une raison ou une autre, vous avez eu de la difficulté à accepter votre premier modèle féminin, c'est-à-dire votre mère. Il y a quelque part en vous, en la petite fille, quelque chose qui dit: ce n'est pas comme cela que devrait être une femme».

– Pourriez-vous élaborer sur le mode de fonctionnement du principe masculin et du principe féminin à l'intérieur de nous si ceux-ci sont en harmonie?

– Pour pouvoir créer quelque chose, il faut la fusion du principe masculin et du principe féminin en soi. Le féminin en soi a le désir de quelque chose ou a une intuition, et le masculin en soi nous amène à passer à l'action. Pour mettre un projet à l'œuvre, pour exprimer un désir, il faut se servir de son principe masculin et de son principe féminin.

«Étant donné que c'est l'homme en nous qui connaît nos limites, lorsque nous voulons quelque chose, nous exprimons un désir à l'intérieur de nous. Si notre côté rationnel (masculin) est en harmonie avec notre principe féminin, il sait quand et comment nous faire obtenir ce que nous désirons».

«Pour que l'homme en vous ait le goût de vraiment travailler de pair avec la femme en vous, il faut qu'il se sente accepté. S'il est toujours mis de côté, il va réagir et les deux aspects ne se sentiront pas bien; la femme en soi se sent seule, elle a des désirs et l'homme n'agit pas comme elle le voudrait. Il s'en suit une réaction».

«À ce moment-là, vous voyez immédiatement que c'est l'homme en vous qui ne veut pas coopérer avec la femme en vous. S'il ne veut pas coopérer, c'est qu'il est fatigué, c'est la raison pour laquelle il est de mise d'aller voir ce qui se passe en vous. Il revient à chacun de nous de faire notre propre guérison intérieure, notre propre travail intérieur et notre propre harmonie».

Madame Lalumière fit une pause, le temps de permettre à Catherine de bien intégrer son enseignement. Puis, elle conclut:

– Voilà qui complète notre programme. Vous avez maintenant en main les outils nécessaires. Il me reste à regarder avec vous un dernier document qui s'intitule: «comment intervenir dans les cas d'épuisement professionnel».

«Ce document vous servira de guide pour poursuivre votre guérison et vous permettre de retourner au travail», lui dit-elle en souriant et en lui remettant le document en question.

Les actions suivantes sont recommandées:

- travailler le pardon avec le parent du même sexe
- dans la mesure du possible tenter de rétablir la relation avec ce parent
- accepter et délimiter ses limites et arrêter de croire qu'il faut faire plaisir à tout le monde
- arrêter de prouver des choses aux autres ou croire qu'il faut absolument faire des choses pour les autres pour être aimé
- changer ses croyances qui ne sont plus bénéfiques
- être plus reconnaissant plutôt que plaintif
- apprendre à dire merci et se dire merci
- faire des compliments et se faire des compliments
- arrêter de se comparer

- apprendre à déléguer davantage, faire confiance aux autres
- apprendre à faire ses demandes, oser demander
- conserver son énergie
- retrouver sa créativité
- retrouver un plaisir de vivre
- créer sa vie différemment
- arrêter de toujours vouloir changer le système
- être fière de ses réalisations, attention au zèle
- prendre les choses moins à cœur et pratiquer le lâcher prise pour avoir un regain d'énergie
- avoir de la compassion pour vous
- écouter les signaux d'alarme de votre corps
- accepter votre besoin de vous sentir utile et d'être reconnu
- si vous avez tendance à vous sentir quelques fois responsable du bonheur des autres, revoir la notion de responsabilité.

Après avoir lu le document, Catherine avait bien saisi tous ces conseils.

Madame Lalumière enchaîna avec une dernière recommandation:

– Désormais, vous devrez mener votre barque et faire les choix qui vous conviennent. Ce dont vous aviez besoin, ce que vous espériez recevoir de vos parents, vous le rechercherez désormais auprès des gens qui sont proches de vous et en vous-même. Vous avez maintenant tout ce qu'il vous faut pour prendre votre vie en main.

Deux semaines s'étaient écoulées depuis son arrivée à l'Auberge Le Phare. Son séjour se terminait ainsi. Elle était tout à fait consciente qu'elle devrait éventuellement retrouver la route vers son père. Elle est prête à le faire, elle avait en mains tous les outils nécessaires pour continuer sa démarche de libération et faire la lumière en elle. Sa vie serait vraiment libérée lorsqu'elle aurait fait le pardon avec papa et par le fait même avec les hommes de sa vie. Elle sentait une sérénité grandir en elle. Elle garderait contact avec ce guide qui l'a accompagnée et aidée à retrouver la route qui mène à son âme, soit la route de l'amour de soi en passant par le pardon véritable.

Chapitre onze

Catherine fit ses bagages, puis salua et remercia une dernière fois Madame Lalumière. Comme elle sortait de l'auberge, elle croisa à nouveau Jean-François qui revenait à la maison de repos avec l'intention d'y séjourner. Ils échangèrent leur numéro de téléphone et décidèrent de rester en contact pour partager leur expérience à la suite de ce séjour à l'auberge. Jean-François remarqua que Catherine semblait plus énergique. Ces changements très visibles l'intriguèrent et lui donnèrent confiance en même temps. Malgré son désir d'en savoir plus sur sa transformation, Jean-François décida d'attendre à une prochaine rencontre pour échanger avec Catherine sur cette question.

Après le départ de Catherine, Madame Lalumière rencontra Jean-François. Ils s'installèrent dans la salle de séjour. Jean-François expliqua à Madame Lalumière que les deux dernières semaines de réflexion l'avaient ramené à l'auberge. Il ne pouvait expliquer de façon rationnelle sa décision. Il était là parce qu'il avait réclamé et sollicité une aide appropriée depuis plusieurs mois et cette opportunité de séjour à l'auberge était la seule qui s'était présentée récemment. De plus, cette suggestion lui venait de son frère aîné en qui il avait énormément confiance. Madame Lalumière lui proposa de prendre cette fin de journée pour se reposer, pour se promener et pour s'installer, ce qui enchanta Jean-François.

Une fois à sa chambre, Jean-François s'installa et prit connaissance du document laissé à sa disposition. Il nota que la prochaine rencontre avec son guide était prévue pour le lendemain à 9h00. Celle-ci s'intitulait *rencontre exploratoire*. «Voilà, se dit-il en lui-même, je vais devoir tout déballer demain matin». En un instant, différentes pensées se bousculèrent dans sa tête: «que va-t-elle penser de mon histoire ...? qu'est-ce que je fais ici ...? comment pourrais-je résumer en une rencontre tous ces échecs, tous ces déboires?» Il poursuivit la lecture du document et retint particulièrement la dernière phrase: «le seul fait que vous soyez ici signifie que vous êtes mûr pour cette rencontre, dormez bien». Cette phrase le rassura et le calma.

Il décida de se rendre à l'extérieur explorer les lieux. En ce déclin du jour, il prit le temps de respirer l'air frais de la campagne et il ajusta le rythme de son cœur au spectacle s'offrant à lui: des oiseaux chantaient, des écureuils se promenaient gaiement et des petits canards nageaient auprès de leur mère en toute confiance. Ce spectacle le ramena aux belles années de son enfance où il accompagnait son père dans la forêt, avec son chien. Ces souvenirs lui réchauffèrent le cœur, mais en même temps, ce retour en arrière rapide le laissait perplexe et certaines paroles de Madame Lalumière lors de sa première visite lui revenaient en mémoire. Il se rappela que cette démarche bien particulière avait pour but ultime de lui indiquer la route vers son âme, soit la route de l'amour véritable de soi. Très intrigué, il se demandait quels seraient ses compagnons de route. Il se souvint également qu'il pouvait s'inscrire aux exercices d'écriture dirigée. Tout cela était bien intriguant! Il se surprit à imaginer toutes sortes de scénarios. Décidément, son mental travaillait encore très fort. Il n'avait qu'un seul souhait: que l'itinéraire qu'on lui offrirait soit un outil mettant en lumière les raisons de la répétition de certaines expériences tout au long de sa vie. Durant les quinze dernières années, il avait recherché et expérimenté différentes formes d'aide. Il souhaitait de tout cœur que celle-ci le conduise à une vie plus paisible et plus sereine.

* * *

Levé tôt, Jean-François en profita pour faire un peu de lecture. Puis, il descendit à la salle à manger pour son premier repas à l'auberge. Il fut accueilli chaleureusement. Il dégusta des fruits frais et sirota un bon café. Il se sentait plein d'entrain et se dirigea sans tarder vers l'atelier où l'attendait Madame Lalumière.

– Bonjour Jean-François, comment allez-vous ce matin?

– Très bien Madame... après une longue nuit de sommeil et un rêve très intéressant, je me sens prêt pour cette rencontre exploratoire. Avant de débuter, permettez-moi de vous parler de ce rêve. Je me rappelle vous avoir déjà entendu dire que le hasard n'existait pas. Je sais que les images de ce rêve sont très représentatives de mon enfance, jugez-en par vous-même.

– Je suis vivement intéressée à connaître ce rêve, allez-y...

– Voilà: il y avait une multitude de gens assistant à un spectacle, celui de la vie avec ses illusions, ses joies, ses déceptions. Tous ces gens se pressaient les uns contre les autres pour être le plus près possible de la scène, chacun voulait une place de choix, peu importe s'il fallait pour cela écraser les plus petits.

«Dans cette foule, un enfant pleurait. Quelqu'un y prêta attention et lui demanda où étaient ses parents. «Je ne sais pas» dit le petit et l'adulte répondit: «viens avec moi, nous allons les trouver». Et la recherche commença, et le temps passa et passa. Le bon samaritain devait quitter. Apercevant un ami, il lui dit: «eh l'ami, peux-tu aider ce jeune à retrouver ses parents?», «oui sûrement». «Dis-moi mon petit, comment sont-ils tes parents?» «Mon père est petit et ma mère est grande». «Je pense que je les ai vus, ils sont plus loin en avant». La recherche continua, la foule se déplaça et le temps passa encore. Plus ils voulaient avancer, plus les gens étaient serrés les uns contre les autres rendant le passage très difficile. À la tombée du jour, la faim commençant à se faire sentir, l'adulte demanda au petit s'il avait faim, et le petit lui répondit affirmativement. «Tu vas m'attendre ici, je vais aller chercher quelque chose à manger. Ah au fait, as-tu quelques sous?» «Oui», dit le jeune, «j'ai ici $5.00 accumulé avec la vente de bouteilles et de journaux». «Donne-les moi, je vais nous acheter de la nourriture, je reviens dans quelques minutes». Les minutes passèrent, passèrent... il y avait maintenant plus d'une heure qu'il était parti et la noirceur s'était installée. Inquiet, le petit avait peur et il regardait autour de lui tous ces gens projetant leurs ombres et qui ressemblaient à des géants. Il réalisa qu'il était seul, sans guide, sans argent, dans un monde de géants. C'était la nuit, il faisait froid, il tremblait... Quelqu'un lui dit: «viens avec moi là-bas mon petit, il y a un grand feu et tu pourras te réchauffer». Il s'informa: «où sont tes parents», «je ne sais pas» dit-il, «je les cherche». «Moi, je suis très bien informé, je vais les retrouver, je te le garantis, cela va te coûter $10.00». «Mais je n'ai plus de sous, j'ai donné mon seul $5.00 que j'avais à quelqu'un qui devait m'apporter un repas, il n'est jamais revenu», «excuse-moi, mais je ne peux pas t'aider», le soi-disant sauveur disparut. Le petit passa la nuit à scruter le visage des gens à la recherche de ses parents. Plus souvent qu'autrement, il voyait des visages indifférents, certains faisant mine de ne pas le voir, d'autres lui lançant un regard courageux qui voulait dire, «soit fort, ne pleure pas». Lorsque le soleil se leva, il aperçut des gens groupés en cercle. Il courut et à sa grande surprise, un homme était mort écrasé par la vie. Il réalisa que cet homme était son père, il était disparu à jamais sans lui dire adieu, sans l'embrasser, sans lui dire au revoir. Sa mère avait été prise en charge par les gens du village. Le choc était trop grand pour ce petit homme ...

– Étant donné que je me suis très facilement reconnu dans cet enfant, j'ai cru que le récit de ce rêve serait une bonne introduction à notre rencontre, conclut Jean-François.

– C'est un rêve très intéressant et particulièrement révélateur, approuva Madame Lalumière. Résumons-le, si vous le voulez bien... d'abord vous étiez à la recherche de votre papa et de votre maman, puis vous avez fait confiance à quelqu'un pour obtenir de la nourriture, mais vous avez été trahi par cet adulte. Sans argent, vous avez eu de la difficulté à obtenir de l'aide supplémentaire. Vous avez donc rencontré sur votre route soit l'indifférence, soit la pitié; vous avez retenu qu'un garçon ne doit pas pleurer. Votre père vous a abandonné, vous avez trouvé la situation injuste, vous avez perdu votre mère et du même coup votre famille.

– Ceci résume bien ce que je me souviens de mon enfance, ajouta Jean-François songeur. Ma vie se résume à de nombreux déménagements et à des situations très diversifiées en affaires. En un mot, très peu d'expériences dont je puisse être fier. Ce qui m'amène ici, ce sont mes déboires financiers et le désir de recommencer sur des bases plus solides.

– Avez-vous vécu vos expériences en affaires avec des hommes ou avec des femmes? demanda Madame Lalumière.

– J'ai effectué l'ensemble de mes projets d'affaires avec des hommes. Ce sont eux qui m'ont attiré dans leurs filets, qui m'ont fait perdre de l'argent et qui m'ont conduit à la faillite.

– Bien... Ceci nous fournit les premières indications pour vos exercices d'écriture. Dès que vous serez prêt, vous complèterez une liste des hommes que vous avez côtoyés et à qui vous avez quelque chose à reprocher en relation avec vos activités professionnelles. De plus, vous noterez les hommes avec qui vous avez vécu des conflits dans un domaine ou l'autre. Votre travail de libération débutera ainsi.

«Vous vous rappelez sûrement que vous recevrez, selon un horaire pré-établi, des périodes d'enseignement et que je vous accompagnerai tout au long de cette démarche», ajouta-t-elle.

Jean-François se sentait prêt à débuter sur le champ. Aussi, Madame Lalumière lui donna, durant deux heures, la formation intitulée «amour véritable de soi», tout comme elle l'avait fait pour Catherine. Après avoir répondu à certaines questions exploratoires, Jean-François reconnut que certains hommes avaient marqué sa vie irrévocablement. Les principaux étaient:

– Claude Laviolette, qui lui avait offert une franchise dans la restauration.

– Roland Tremblay, qui lui avait ouvert la route des placements financiers.

– André Ferland, qui lui avait fait vendre des maisons.

– Lauréat Fortin, qui avait effectué des travaux avec lui.

– Antoine Labonté, son frère qu'il avait toujours pris en pitié.

– Maintenant que nous avons cette énumération de base, vous pourrez rajouter des noms au fur et à mesure qu'ils vous viendront à l'esprit. Mais ne forcez pas les choses. Si vous avez à vous libérer de certaines expériences pendant votre séjour ici, les noms des gens concernés traverseront votre pensée et vous aurez le temps de les ajouter à votre liste. Je vous remets un document qui vous expliquera de façon détaillée comment débuter vos séances d'écriture. Je demeure à votre disposition si vous avez des questions à formuler après la lecture de ces instructions. Avant de vous quitter, je désire vous montrer où se situe la salle où vous pourrez compléter vos exercices d'écriture. Il s'agit de la salle nommée «libération de votre âme». Venez avec moi.

Madame Lalumière le conduisit ainsi à la salle d'écriture puis elle le laissa seul.

Jean-François prit connaissance de toutes les informations que lui avait remises Madame Lalumière et il décida de se lancer dans l'écriture. «J'ai parlé de cette expérience un grand nombre de fois... je me demande ce que ça me donnera de reprendre encore tout ceci», se dit-il en lui-même. Malgré son scepticisme, il décida de se mettre à l'œuvre et commença ainsi son histoire personnelle avec le premier nom en liste: Claude Laviolette.

Lorsque tu m'as téléphoné, tu désirais me rencontrer, c'était un dimanche soir vers 10h00 P.M. Ma première idée a été de dire non, le temps d'un instant, mais presque aussitôt, j'ai dit: pourquoi pas? J'ai décidé d'aller voir ce que tu avais à me dire car j'avais du temps libre et j'étais à la recherche d'une bonne affaire.

Lorsque je t'ai rencontré au centre commercial, j'ai vu un grand homme maigre. Je t'ai serré la main, une main molle qui ne m'a pas donné confiance, mais j'ai passé par dessus cela. On s'est mis à regarder les chiffres, qui en fait n'étaient que des projections d'exploitation. Ces chiffres m'ont emballé, et la possibilité d'avoir une franchise m'intéressait... aussi j'ai donc changé mon fusil d'épaule, et au lieu de rechercher une place pour un café, j'allais me lancer dans les mets italiens. Je suis allé voir votre restaurant à Montréal qui semblait fonctionner.

J'ai débuté mes activités, en pensant que j'avais fait une très bonne affaire. Beaucoup d'argent entrait, mais j'ai vite réalisé que beaucoup d'argent sortait aussi. Après une année d'exploitation et de nombreuses heures de travail, mon bilan était négatif.

Avec mon comptable, je suis allé vous rencontrer, toi et les dirigeants de l'entreprise. Nous nous sommes aperçus que tu avais falsifié les chiffres pour me vendre cette franchise. Étant donné que tu ne les trouvais pas assez élevés et pas assez alléchants pour un éventuel acheteur, tu les avais faussés. Ce fut pour moi un dur choc qui devint un traumatisme. J'ai commencé de plus en plus à constater que ce genre de commerce était aussi une affaire louche. J'ai continué d'exploiter mon restaurant jusqu'à la date d'échéance. J'ai manqué d'argent pour faire un de mes paiements à la banque... mon banquier, qui était nouveau, a téléphoné au grand patron de Montréal, et mes *problèmes ont vraiment commencé. Mon banquier t'a alors demandé de trouver un acheteur pour mon magasin. Je me suis objecté, je voulais trouver moi-même une solution. Le banquier n'a pas aimé mon attitude car il t'avait convaincu que je ne m'occupais pas convenablement de mon restaurant, à la suite des commentaires qu'ils avaient reçus d'une de mes employés que j'aurais dû congédier mais que j'avais gardée à cause de ma grande bonté. C'était femme remplie de frustration, une médisante quoi... elle ne m'a vraiment pas donné de chance avec ses propos de mauvais goût.*

«Les patrons m'avaient fait le message clairement: si je ne me tenais pas tranquille, ils allaient devenir méchants... ils ont donc trouvé un acheteur qui s'est approprié le restaurant pour une somme ridicule, très inférieure au prix que j'avais payé deux ans auparavant. Lorsque je suis allé chez l'avocat, ils lui ont dit de s'assurer qu'il ne me reste aucun sou de cette vente. Cela m'a fait très mal au cœur, après m'être battu pendant deux ans. J'ai été jugé très injustement, j'en suis sorti pauvre et très abattu.

Jean-François termina ainsi cette histoire. Il s'accorda quelques minutes de repos. Tout doucement, le calme se réinstalla en lui et il retourna vers sa conseillère pour compléter avec elle la deuxième étape, soit l'énumération des accusations. Jean-François expliqua qu'il ressentait encore beaucoup de colère et de ressentiment. Il accepta de donner les détails des accusations qu'il voulait lui formuler. Ses écrits l'avaient aidé à les mettre en lumière.

Claude Laviolette, je t'accuse:

- *de m'avoir trahi*
- *de m'avoir entraîné à faire faillite*
- *d'avoir falsifié les chiffres*
- *d'avoir profité de moi*
- *d'être un fraudeur*
- *d'avoir profité de ma bonté*
- *d'avoir été injuste*
- *de m'avoir fait perdre ma maison*
- *de m'avoir fait perdre mon nom*
- *de m'avoir fait perdre ma dignité*
- *d'avoir abusé de moi*
- *de ne pas avoir pris ma défense face à mon banquier*
- *de m'avoir humilié*

Tous deux mirent fin à cette première journée avec le sentiment d'un départ réussi.

Chapitre douze

Le lendemain, Jean-François décida de poursuivre son travail d'écriture. Il voulait se libérer le plus vite possible du souvenir douloureux de ses déboires financiers. Il souhaitait prendre conscience de la relation entre ses expériences néfastes qui l'ont conduit à la faillite. Malgré le temps écoulé, il en était encore très bouleversé.

Il décida d'écrire à Roland Tremblay, celui qui l'avait initié au monde de la finance et qui lui fit perdre aussi beaucoup d'argent.

Bonjour Monsieur Tremblay. Avec l'achat d'une distribution de pain, je m'étais embarqué dans tout un bateau. Quel travail, quelle entreprise médiocre ! J'ai travaillé à m'en faire mourir, à un tel point que les gens ne me reconnaient plus. J'avais tellement maigri. Je devais me rouler en bas du lit le matin pour réussir à me lever. Je croyais bien que j'avais ce que l'on appelle un poisson pourri entre les mains. Ce commerce me demandait beaucoup trop de travail pour ce qu'il pouvait rapporter. J'avais donc décidé de me chercher une nouvelle source de revenus et de revendre mon commerce, ce que j'ai réussi. Les deux personnes à qui j'ai vendu me haïssent encore aujourd'hui. Ils avaient confiance en moi et ils voulaient faire marcher la business. Je crois en toute conscience que je leur ai vendu quelque chose de très ordinaire.

J'ai ensuite répondu à deux annonces dans le journal, demandent des conseillers en finance. C'est ainsi que notre rencontre eut lieue. Vous aviez à ce moment-là près de la soixantaine, des cheveux blancs, vous paraissiez très bien et vous inspiriez confiance. J'ai décidé de suivre le cours de conseiller en placement. Au début, j'avais encore ma distribution de pain, je devais étudier le soir et travailler le jour. J'ai raté mon examen par deux points. J'avais droit à une reprise après 1 ou 2 mois, j'ai donc par la suite étudié à plein temps et passé haut la main, soit avec 96 %. J'étais très fier de moi et très confiant. Mes débuts dans les placements ont été excellents. J'ai fait environ $45,000.00 la première année. Nous avons eu un très beau Noël cette année-là. J'avais donné un manteau de vison à mon épouse, qu'elle n'a pratiquement jamais porté parce qu'elle trouvait qu'il la vieillissait ! Combien de femmes auraient été très heureuses de recevoir un vison en cadeau ! Les enfants, mes sœurs, mon frère, tous étaient là, il y avait des cadeaux pour tous et je ne le regrette pas. C'était féerique. Les affaires ont été très bonnes pendant deux ans. À cette époque, j'habitais un logement. Par la suite, j'ai construit une grosse maison canadienne, nous étions très bien installés. C'est à ce moment-là que les taux d'intérêt ont diminué et que les placements sont devenus de moins en moins intéressants. Entre temps, je m'étais acheté un terrain pour construire des maisons. Mais ça devenait difficile à payer, car la vente de maisons avait aussi ralenti. Vous aviez à ce moment-là plusieurs propriétés à logements, vous avez perdu plusieurs locataires et finalement manqué d'argent.

Vous m'avez emprunté une somme très importante à deux reprises, et ce dans une courte période de temps. Vous m'avez par la suite annoncé que vos difficultés financières ne pouvant se résorber, vous étiez dans l'obligation de déclarer faillite. J'ai perdu tout cet argent qui s'est envolé en fumée. Je m'en voulais de ma naïveté, de mon incapacité à dire non. Je me suis senti obligé de vous aider parce que vous aviez été mon guide dans ce monde financier. J'ai été très longtemps en colère vous accusant de m'avoir menti, peut-être même de m'avoir trahi. Je ne vous ai jamais reparlé par la suite. Il y a quelques années, j'avais manifesté le désir de vous revoir et de vous pardonner, parce que j'avais moi-même été obligé de déclarer faillite, et j'avais fait perdre de l'argent aux banques. Je savais que j'avais emprunté cet argent en toute bonne foi et que ce n'était pas pour les voler. Je voulais à cette époque sauver mon bateau en perdition. Il y a quelques semaines, je me suis informé de vous, on m'a appris que vous étiez mort d'un cancer il y a deux ans et que vous étiez très pauvre.

Toute ma vie, j'ai essayé de lutter contre la pauvreté, pour ne pas être comme mon père, sans le sou, jamais d'économie. Bien sûr, j'en ai eu un peu à un certain moment, mais les sommes d'argent que je vous ai prêtées et que j'ai perdues par la suite ainsi que celles que j'ai investies dans mon restaurant avant de faire faillite, ont été financièrement et psychologiquement un dur coup pour moi. Plus j'avance dans la vie, plus je fais face aux mêmes défis que papa. Je suis aussi naïf, trop généreux, je donne tout, probablement pour être aimé... mon père aussi ne s'aimait probablement pas assez.

C'est tout pour ce matin, je trouve cela très difficile de déterrer tout cela. Je ne sens même pas que j'ai écrit quelque chose de nouveau, ça fait cent fois que je raconte cette histoire, sauf que cette fois-ci, je l'ai écrit.

Roland Tremblay, je vous accuse :

- de m'avoir fait perdre de l'argent
- d'avoir abusé de ma confiance
- d'avoir abusé de ma naïveté
- d'avoir mis en déséquilibre ma situation financière

- *de m'avoir fait douter de moi*
- *de m'avoir menti*
- *de m'avoir trahi*
- *de vous être joué de moi*
- *d'avoir abusé de ma bonté*
- *d'avoir été injuste*

Jean-François ressentit alors un grand besoin de respirer l'air de la montagne. Il se reposa donc à l'extérieur pour le reste de la matinée.

* * *

Madame Lalumière accueillit Jean-François en début d'après-midi. Après la lecture de sa dernière lettre et des accusations, elle constata que Jean-François s'était vraiment engagé avec courage dans sa démarche. Elle lui proposa de poursuivre ses écrits se rattachant à ses expériences de travail ou bien de voir un autre chapitre sur l'amour de soi. Il choisit de continuer ses lettres, optant cette fois-ci d'écrire à Monsieur André Ferland qui lui avait aussi fait perdre de l'argent. Cette expérience avait été de courte durée et en même temps très coûteuse. André Ferland était alors un jeune prometteur. Jean-François l'avait rencontré par le biais d'une ancienne collègue de travail. Les plans de ce prometteur étaient intéressants et Jean-François avait accepté de vendre des maisons pour lui. Mais après des mois de travail, le constructeur fit faillite et Jean-François perdit plus de $13,000. de commissions. Il se trouvait naïf de s'être embarqué dans cette histoire. Il accusait André Ferland de lui avoir fait perdre de l'argent, d'avoir abusé de sa bonté et de sa confiance, de l'avoir trahi et de s'être injustement servi de lui.

Même si c'était douloureux, Jean-François décida de continuer à écrire ce qu'il avait vécu en relation avec sa faillite. Il espérait que cela lui fasse le plus grand bien. Il savait qu'il gardait en lui cette rancune et cette colère et que ces émotions cachaient des accusations très sévères envers lui même.

Après avoir perdu mon commerce, j'ai repris mon courage et j'ai essayé de me refaire, mais tout ce que je touchais tournait au vinaigre, tout me glissait entre les doigts, rien ne rentrait. Je me suis appauvri de jour en jour. J'ai eu beau faire de la visualisation, répéter des affirmations, j'étais sur une pente descendante. Je me demandais quand ça s'arrêterait. Un jour, mon banquier m'a dit que lorsque j'en aurais assez de traîner ce boulet, je n'avais qu'à me rendre chez le syndic qui me libérerait de tout cela. Cette décision a été très difficile à prendre mais c'était la seule que je pouvais envisager à ce moment-là, compte tenu de l'état de détresse dans lequel je me trouvais.

J'ai profité d'une fin de semaine au chalet de mon frère pour annoncer à ma famille que j'étais obligé de faire faillite. Ils étaient très déçus de moi et mon épouse m'a dit qu'elle refusait de rester avec un pauvre. Un autre choc ! Je n'étais qu'un pourvoyeur. J'ai eu très mal, après tous les soins très intentionnés qui leur avaient procuré le logis, l'habillement, tout quoi... c'était ma récompense.

Peu de temps après, j'ai vu ce message dans la rubrique du journal «a fait cession de ses biens, sous la loi de la faillite... les actifs pourront être inspectés... ». Je trouvais cette situation très injuste, j'avais toujours fait de mon mieux, j'avais travaillé très fort et j'avais été roulé.

Après la vente de la maison, mon épouse avait des agissements différents. Elle avait toujours été incapable de me cacher la vérité. Un soir, à son retour du travail, à une heure du matin, je lui ai fait remarqué qu'il était tard pour rentrer du travail. Elle a répondu qu'elle ne pouvait pas me dire où ni avec qui elle était et qu'elle ne voulait pas avoir de compte à me rendre. Je lui ai répondu que je ne pouvais rien changer à sa vie, je pouvais seulement changer quelque chose à la mienne. Le lendemain, pendant qu'elle était à son travail, j'ai plié bagage, je suis parti vers la fin de la journée. Je me rappelle, c'était en décembre, il faisait tempête, je ne savais pas où aller. Je n'avais que $8.00 en poche, et aucun crédit. Je me suis arrêté à une boîte téléphonique et j'ai parlé un ami prêtre qui demeurait dans les Laurentides. Il accepté de m'héberger. Après avoir passé quelques jours chez mon ami, j'ai communiqué avec mon beau-frère et lui ai demandé s'il pouvait m'accueillir chez lui le temps que je me trouve un emploi. J'ai déménagé à plusieurs reprises depuis ce temps, j'ai repris le travail, ma situation financière est plus stable, toutefois j'ai encore le profond désir de posséder une entreprise rentable. J'ai encore beaucoup d'énergie et de courage, je veux mettre en lumière les causes de ces échecs, je veux apprendre à m'aimer, ainsi *peut-être que je me donnerai le droit de réussir. Au cours de mes dernières activités dans la décoration, je me suis rendu compte que je me fais beaucoup de soucis pour mes clients. Je veux les rendre heureux par mon travail. Je m'aperçois que certains ont toujours quelque chose à redire et ne sont jamais contents. J'ai le sentiment que l'on abuse de moi, de ma bonté. J'ai peur de me défendre, je ne veux pas déplaire, j'ai peur de charger trop cher, j'ai peur que les gens se fâchent après moi. Et voilà c'est parti, ces fameuses peurs qui remontent. Je pourrais sûrement en écrire tout un chapitre.*

Jean-François prit une pause bien méritée. Après s'être restauré, il se rendit au pied de la montagne pour quelques heures de répit. Il sentait qu'il venait de toucher un point très sensible au sujet des peurs. Il avait été éduqué dans la peur et aujourd'hui il craignait tout. Madame Lalumière pourrait sûrement l'éclairer et peut-être le calmer sur ce sujet.

Chapitre treize

Le lendemain, comme prévu, il rencontra son guide. Après une nuit mouvementée et un déjeuner léger, il reçut l'enseignement sur les croyances. Il apprit que derrière chaque croyance se cachait une peur. Le sujet des peurs lui tenait particulièrement à cœur.

– Pourriez-vous me parler des peurs? Quelles sont leur utilité, quels sont leurs effets sur notre santé et surtout comment peut-on les faire disparaître? demanda-t-il.

– La peur est un sentiment qui accompagne la prise de conscience d'un danger ou d'une menace, expliqua Madame Lalumière. Elle nous permet de survivre face à un danger, à une menace. Elle met l'individu en état d'alerte. Il y a deux sortes de peurs: celles en réaction à un danger réel (10 %) et les peurs liées à un danger irréel (90 %). Elles ont pour effet de hausser le taux d'adrénaline dans le sang, d'augmenter le rythme cardiaque et d'accroître le taux respiratoire.

«Lorsque vous ressentez une peur réelle, l'adrénaline sécrétée par vos glandes surrénales est libérée dans l'urine, alors que dans le cas d'une peur irréelle, l'adrénaline sécrétée est libérée dans le sang et empoisonne le système de l'être humain. Un surplus d'adrénaline entraîne un vieillissement précoce, des pertes de mémoire, une diminution de la capacité à décider, une grande fatigue, un manque d'énergie et une augmentation de la consommation de sucre».

«Les effets de surconsommation de sucre sont le diabète ou l'hypoglycémie, le taux de sucre ou de glucose est alors trop élevé dans le sang et le système est incapable de le libérer convenablement. Ainsi, plus on a peur, plus on mange du sucre, et plus notre consommation de sucre est grande, plus on a peur. Le sucre est une illusion temporaire d'énergie. Il affaiblit les glandes surrénales et à la longue, il empêchera la montée d'adrénaline lorsque que l'on aura à faire face à une peur réelle».

«Votre dernière question, je ne peux y répondre telle que vous l'avez formulée, avoua-t-elle. Il est impossible de faire disparaître des peurs. Le seul choix que nous ayons, c'est de les apprivoiser, c'est-à-dire de les transformer en foi. Auriez-vous le goût de regarder de plus près de quelle façon nous pouvons accepter leur présence en nous?»

– Ça m'intéresse grandement, en effet, répondit Jean-François désireux d'en savoir plus.

– Bien! Alors voyons ensemble les étapes à suivre pour apprivoiser nos peurs.

- 1er nous devons les identifier (par exemple peur du jugement, peur d'être trahi, etc.).

- 2e, nous devons en accepter la responsabilité. Chaque peur est notre création. Sur le plan mental, qui fonctionne avec des images et des pensées, nous imaginons quelque chose; sur le plan émotionnel, nous libérons de l'énergie qui charge la batterie et nous ressentons quelque chose; finalement, sur le plan physique, nous passons à l'action. C'est la fuite ou l'attaque. N'oublions pas que nous l'avons créée pour cacher notre vulnérabilité ou pour nous empêcher de souffrir.

- 3e, il faut accepter la peur et l'accueillir. Donc, ne plus se taper sur la tête, ne pas la repousser ni la combattre, ne pas vous en vouloir, ne pas nier sa réalité et ne pas vous faire accroire que vous n'avez pas peur et enfin reconnaître qu'elle vous a déjà été très utile mais que maintenant, elle ne vous sert plus.

- 4e, il faut poser des actions pour surmonter votre peur: regarder quel est le désir qui est contré par la peur, chercher la croyance qui y correspond, visualiser (mental) et sentir (émotionnel) ce désir comme déjà manifesté (physique = action) et dans la mesure du possible poser des actions contraires à ce que la peur vous dicte.

– Lorsque vous affirmez que tous nos désirs bloqués cachent des peurs et des croyances, est-ce que vous pourriez me donner un exemple précis?

– Bien sûr. Si vous le voulez bien, vous allez vous-même identifier un de vos désirs bloqués et nous allons procéder à son décodage.

Jean-François se prêta à l'exercice de bonne grâce et prit le temps de réfléchir quelques minutes. Finalement, il identifia un de ses désirs bloqués.

– J'aimerais pouvoir bien m'entendre au travail avec des gens qui abusent de leur pouvoir ou qui se sentent supérieurs.

– Dites-moi ce que ce problème vous empêche de faire et d'avoir dans votre vie?

– Ça m'empêche de garder une bonne attitude et d'avoir une atmosphère harmonieuse au travail.

– Dites-moi maintenant ce que ça vous empêche d'être? poursuivit Madame Lalumière.

Après quelques instants de réflexion, Jean-François répondit que cela l'empêchait d'être à l'aise et détendu.

– Supposons maintenant que vous êtes très à l'aise et détendu au travail, dites-moi ce qui pourrait vous arriver de désagréable ou comment les gens vous jugeraient-ils si vous étiez toujours dans cet état?

Jean-François hésita un peu, puis répondit:

– Probablement que cela ne pourrait pas durer toujours ou je crois bien que cela serait impossible, de plus les gens me jugeraient comme une personne insensible qui ne prend pas son travail au sérieux.

– Voilà l'identification d'une de vos croyances : être à l'aise et détendu n'est pas possible. Et du même coup nous identifions l'une de vos peurs, soit de vous juger ou d'être jugé insensible si vous êtes détendu. Vous devez vous-même maintenant regarder si cette croyance est encore bénéfique dans votre vie ; si elle ne l'est plus, vous aurez à la remplacer.

«Ceci m'amène à vous expliquer la différence entre la peur et la foi. Avoir la foi, c'est reconnaître notre besoin au niveau de l'être et le visualiser dans la sensation plutôt que dans l'avoir. Ainsi la foi est la confiance totale de réaliser ce que nous voulons alors que la peur est la confiance de voir survenir ce que nous ne voulons pas. La peur est toujours cachée derrière une de nos croyances et elle a le pouvoir qu'on lui donne. Si nous la refoulons à l'intérieur de nous, nous nous attirons des expériences pour la revivre, d'où l'importance d'en être conscient. La conscientisation mène à l'acceptation. Puis on utilise son énergie pour passer à l'action. C'est ainsi que nous réussissons à les apprivoiser. Si la peur devient très grande, c'est elle qui dirige notre vie.

– J'ai été très longtemps hanté par la peur de la mort ou la peur de perdre la raison. Je crois même que quelqu'un, lors d'un atelier de groupe, m'avait dit que j'avais peur d'avoir peur, que j'étais atteint d'agoraphobie. Pourriez-vous me donner des informations supplémentaires sur ce sujet ?

– L'agoraphobie, c'est la plus grande peur, celle qui est la plus répandue. C'est effectivement la peur d'avoir peur. Elle se caractérise par une peur marquée d'être loin d'un endroit ou d'une personne symbolisant la sécurité. Cette personne est ordinairement le conjoint, un parent ou un ami. L'endroit sécurisant est habituellement le domicile de la personne. Ainsi, l'agoraphobe craint de se trouver seul dans des endroits publics d'où il pourrait difficilement s'enfuir ou ne pas avoir de secours rapide en cas de malaises subits. Il en vient donc à éviter toutes situations pouvant provoquer une insécurité psychologique et reste ainsi le plus souvent chez lui, n'osant sortir qu'à l'occasion, accompagné d'un partenaire sécurisant.

«Généralement, les agoraphobes craignent de perdre conscience, de tomber, d'avoir une crise cardiaque, d'avoir l'air fou, de devenir fou. La peur et les sensations qu'ils ressentent sont excessivement fortes. En fait, les catastrophes anticipés se produisent rarement. De même, l'agoraphobe ne perd pas le contrôle. Il a plutôt l'impression de le perdre ou, plus souvent qu'autrement, il a peur d'avoir peur».

«Il est très important de savoir que les individus atteints de ce problème ne sont pas des malades et surtout pas des malades mentaux. D'ailleurs, ils n'osent pas en parler car ils ont peur de passer pour fous. Selon nos observations, le déclenchement se ferait très jeune lorsque la personne perd ou vit une forte peur de perdre quelqu'un de très cher: mère, père, grand-mère, grand-père, oncle, tante, frère, sœur, ou toute personne proche avec qui elle a fusionné. Il peut s'agir aussi de la perte d'un animal».

«Les situations anxiogènes entraînent chez l'agoraphobe des réactions physiques comme des palpitations cardiaques, des étourdissements, de la tension ou faiblesse musculaire, de la transpiration, des difficultés respiratoires, des nausées, de l'incontinence, etc.,... qui peuvent mener à la panique. Aux plans émotionnel et mental, il éprouve des sentiments étranges, se sent angoissé, il a peur de perdre le contrôle, de devenir fou, d'être humilié publiquement, de s'évanouir ou de mourir. Il a aussi peur que ceux qu'il aime meurent. En réaction, il fuit les situations anxiogènes et évidemment tout endroit qui lui apparaît éloigné de la personne ou du lieu sécurisant. Les attaques d'agoraphobies semblent s'amplifier après chaque changement majeur de sa vie: puberté, fiançailles, mariage, grossesse, maladie, accident, séparation, divorce, naissance, décès de quelqu'un, etc.... L'agoraphobie se développe en général selon le nombre de circonstances qui viennent réveiller la peur de perdre une partie de soi. Vous souvenez-vous d'avoir subi un tel choc au cours de votre enfance?»

– À part le décès de papa qui est survenu pendant mon adolescence, il y a seulement la mort de ma petite chienne «la belette» qui me vient à l'idée, répondit Jean-François fouillant ses souvenirs.

Madame Lalumière sentit néanmoins une piste à explorer.

– Auriez-vous le goût de me raconter en détails l'histoire de votre petite chienne?

– Je m'en souviens comme si c'était hier. Mon père était arrivé à la maison avec un beau petit chien à poils longs bruns et quelques poils noirs. Ce chien est devenu immédiatement mon fidèle compagnon. Il me suivait partout où j'allais. Je me souviens que parfois, je m'assoyais dans la vitrine du magasin, je regardais les étudiants passer et certains s'arrêtaient pour me regarder flatter mon chien et manger une orange. Je ne peux pas dire combien de fois cette mignonne petite chienne a eu des chiens, mais c'était un plaisir décuplé que de jouer aussi avec les chiots. Un jour que nous avions de la visite à la maison, mon père lui avait donné de la bière, ce qui l'excita comme de raison, elle n'en finissait plus de courir dans le salon, tout le monde riait aux éclats... je me souviens, «la belette» nous apportait la joie.

Toujours est-il qu'un jour, elle ne s'est pas présentée à la maison. Nous l'avons cherché partout, pas de chien. Et je me souviens de l'avoir cherchée jusqu'au jour où je fis sa découverte. Elle était étendue sur le côté, morte, les yeux vitreux, les dents sortis, en-dessous de la galerie du deuxième ou troisième voisin. Mon Dieu! Que j'ai pleuré sa mort, mon chien adoré. Ce fut mon premier contact avec la mort, le départ d'un être aimé. Je devais avoir environ quatre ans. Je me souviens que toutes les fois que l'on me parlait de mon chien, je pleurais. Je ne sais pas pourquoi, mais il a toujours fallu que je me sépare de mes chiens, ils n'ont jamais eu la chance de devenir de vieux chiens. Il se pourrait qu'un tel événement ait pu être l'élément déclencheur de l'agoraphobie, mais tout ce que je peux dire ce fut la première rencontre avec la mort».

Jean-François fit une pause, laissant les émotions se dissiper.

– Comment traite-t-on l'agoraphobie? demanda-t-il finalement.

– Ce problème peut être traité et la procédure fréquemment utilisée pour y remédier est la thérapie comportementale. Cette procédure donne des résultats rapides et efficaces, ainsi que la mise en pratique de la notion de responsabilité. On encourage le client à arrêter de croire qu'il est responsable du bonheur de tous ceux qu'il aime et à changer son système de croyances. En arrêtant de vouloir arranger la vie de ceux qu'il aime, il fusionne de moins en moins pour arriver à ne plus être envahie par les émotions des autres. Encore une fois, je le répète, il ne s'agit pas d'une maladie mentale.

– Heureux de vous l'entendre dire! soupira Jean-François. Je vais prendre le temps de relire vos documents et d'y réfléchir. Je vais également, dès demain, poursuivre mes exercices d'écriture en rédigeant une lettre à Lauréat Fortin qui a déjà effectué des travaux pour moi ainsi qu'à mon frère Antoine à qui j'ai certains reproches à faire. Je vous revoie avec ces documents en fin d'après-midi. Ça vous convient ainsi?

– Tout à fait, Jean-François. Vous y allez selon votre rythme. Nous nous reverrons demain.

Jean-François quitta l'atelier et s'accorda quelques instants de relâche. Il était très encouragé. Il apprenait des choses très intéressantes pour mieux se connaître. Selon Madame Lalumière, il était très important qu'il prenne conscience de sa véritable indentité pour développer le respect qui conduit à l'amour de soi. Il se sentait, d'une certaine façon, libéré. Ces exercices d'écritures lui avaient permis de diminuer les tensions et les émotions reliées à ces évènements. Mais depuis le temps qu'il se faisait répéter qu'il était le créateur de sa vie, il avait plutôt hâte de savoir pourquoi il s'était créé tout cela.

* * *

Le lendemain, immédiatement après le petit déjeuner, il entreprit l'écriture de la lettre adressée à Lauréat Fortin.

Mon histoire avec toi a débuté il y a 3 ans environ. J'avais besoin d'un employé, tu m'as été présenté, je ne devais pas te garder longtemps, mais tu es encore aujourd'hui. Pourquoi? Il y a quelque chose qui nous retient ensemble, une sorte d'amitié dépendante... on se rejoint en quelque sorte peut-être par la solitude. Tu es un homme seul et moi aussi, tu as besoin de moi pour travailler et moi aussi j'ai besoin de toi.

Il y a certains travaux que j'accepte de faire parce que tu es là, sinon je ne les prendrais pas. Il y a aussi tes compétences, tu sais faire beaucoup de choses, et tu travailles bien lorsque je te surveille. Il y a aussi ton côté enfant qui vient me rejoindre, tu es plus bébé que moi et à quelque part je suis un père pour toi.

Tu étais très agressif lorsque je t'ai connu. Tu étais très impatient à l'ouvrage, tu jurais beaucoup et cela m'agaçait un peu car je suis un homme qui a peur des colères... probablement des séquelles des colères de ma mère. Maintenant, tu es beaucoup mieux, tu t'es amélioré, tu l'as toi-même remarqué. Je ne prends plus tes colères comme personnelles, je sais que ce n'est pas avec moi que tu es fâché, mais sur les circonstances.

On se rejoint aussi beaucoup dans l'humour, les jeux de mots, les anecdotes du passé, tu viens toi aussi d'une région rurale, comme moi. Il s'en passait des choses amusantes dans ce temps-là. Nous aimons nous raconter ces choses, c'est une des raisons de notre amitié.

Tu dépends de moi du point de vue santé, tu as très peur de mourir. Tu es toujours en train de me parler de tes petits bobos, et je suis toujours obligé de te donner des explications pour te sécuriser et te rassurer. Lorsque tu as fait ton début de paralysie chez moi, je suis allé te reconduire à l'hôpital. Comme on t'a dit que tu aurais pu demeurer invalide en permanence, tu ne cesses de me le répéter, tu dis que je t'ai sauvé la vie, et que dans toute ta vie, je suis le premier homme avec qui tu t'entends aussi bien.

Je crois que cela a toujours fait mon affaire de sentir les sentiments que tu as pour moi, ça fait toujours plaisir de se sentir aimé. Il est dommage que tu choisisses toujours la meilleure place ou le meilleur travail, tu n'es jamais volontaire pour faire ce qui est déplaisant. C'est presque toujours moi qui se ramasse à quatre pattes, rarement toi. Quand tu te décides à le faire, tu le fais en jurant, ou tu ne le fais pas bien, donc à ce moment-là, je décide de le faire moi-même.

Tu n'es jamais volontaire pour en faire un peu plus, et tu agis comme un enfant. Si je ne suis pas là pour te surveiller, tu prends ton temps, au fond, tu es las de travailler, tu préférerais sûrement être à la retraite. Voilà de quoi je t'accuse:

- *je t'accuse d'ambitionner sur ma bonté*
- *je t'accuse de me manquer de respect*
- *je t'accuse de ne pas me donner ton plein rendement*
- *je t'accuse d'être trop gros*
- *je t'accuse de ne pas te contrôler*
- *je t'accuse de me déranger avec tes colères*
- *je t'accuse d'agir au travail comme un enfant*
- *je t'accuse de ne pas être fiable*
- *je t'accuse de toujours avoir besoin de surveillance*
- *je t'accuse de toujours prendre la meilleure place*
- *je t'accuse de m'obliger à faire les choses déplaisantes*
- *je t'accuse de manquer de motivation à ton travail*
- *je t'accuse d'être dépendant de moi*
- *je t'accuse de toujours compter sur moi pour ta survie*
- *je t'accuse d'avoir le contrôle au travail*
- *je t'accuse de te comporter comme si tu étais le patron*
- *je t'accuse de t'accrocher à moi*

Jean-François avait complété sa lettre rapidement, tout comme la liste d'accusations. Il se rendit donc à l'extérieur profiter de cette matinée très ensoleillée et méditer sur la démarche qu'il vivait. Puis, après le repas du midi, il s'installa de nouveau dans la salle de «libération» et écrivit à son frère Antoine.

Bonjour Antoine, tu as toujours été le petit maigrichon à qui il fallait faire attention, parce que tu étais petit. Maman nous avait avertis que tu pourrais peut-être demeurer nain. Toujours est-il que pendant une longue période de ta vie, tu as été délicat. Il était très facile de te faire pleurer. Il suffisait de t'injurier, et tu allais tout de suite vers maman en pleurant. Tu aimais aussi faire des activités différentes de nous, surtout le dessin, probablement que maman te ménageait.

C'est toujours moi qui héritait des gros travaux. Toi, tu étais tout petit et on te ménageait. Tu étais un peu détestable, un peu soupe au lait. Je ne crois pas que tu avais la faveur de mon père, tu étais probablement trop jeune ou trop petit, je ne sais pas vraiment si papa t'aimait. Chose certaine, tu as sûrement essayé toi aussi de plaire à papa.

Lorsque le décès de papa est survenu, c'est moi qui ai en quelque sorte hérité de la charge de prendre soin de toi. Quelle tâche lorsque l'on vient à peine d'avoir 15 ans. Pierre, notre frère aîné, était déjà marié depuis un an, maman n'avait pas de métier, ni d'argent, elle s'est donc réfugiée chez lui, avec toi. Je ne peux pas dire que j'ai vraiment pris soin de toi. C'est Pierre qui vous a hébergés tous les deux pendant plusieurs années. Moi, je me suis quand même senti responsable de toi, Antoine, jusqu'à un certain point. Je me souviens au début d'avoir pris mes économies pour t'acheter du linge, c'est vrai, je suis encore fier de cela aujourd'hui.

Cette fois-là, j'avais joué au père. Je me suis toujours senti paternel envers toi. Lorsque tu cherchais un emploi, je te donnais tout ce que je pouvais trouver comme annonce dans les journaux. Je me suis rendu compte à un moment donné que tu n'en faisais aucun usage. Tu m'as déçu, après cela j'ai décidé de ne plus me donner ce trouble.

Tu as toujours eu un deuxième chez-vous, chez moi, même si nous étions séparés par une grande distance, moi à Montréal, et toi à Rimouski. Tu avais l'habitude de venir faire ton tour lorsque tu en avais le goût. Tu arrivais chez-nous, et tu t'installais le temps que tu voulais. Tu n'étais jamais en condition de me payer, d'ailleurs cela ne m'a jamais effleuré l'esprit. C'est mon épouse qui m'avait fait remarquer cela un jour, tu agissais comme si tu étais chez toi et tu n'achetais jamais rien. Toutefois, je te demandais conseil en décoration, et tu ne m'as jamais rien demandé toi non plus.

Lorsque qu'est venu pour toi le temps de bâtir ton chalet d'été, je t'ai aidé à le construire au complet. On voyageait toutes les fins de semaine et j'avais du plaisir à le construire avec toi. Comme j'aurais aimé que papa le fasse avec nous. Je t'ai donné un sérieux coup de main à ce moment-là, probablement comme un père pour son fils.

À un moment donné, lorsque je vivais à Montréal, toi tu vivais à l'année à ton chalet, sans eau courante. Quelle misère, quel isolement.. Je m'inquiétais tellement de toi. Il y a deux ans, lorsque j'étais dans une impasse financière, j'ai fait appel à toi pour m'aider en travaillant pour moi, sans te payer 100 % du montant immédiatement. Mon intention était encore une fois de t'aider à te trouver un emploi pour l'hiver. Tu aurais pu te ramasser un bon montant d'argent et revenir avec moi à l'été, avec cet argent en poche, je t'aurais logé pour rien. Je t'aurais seulement demandé de contribuer à une partie des frais de nourriture.

Le tout a tourné au vinaigre. Je t'avais bâti un chalet pour rien, c'était à ton tour de me rendre un service, mais toi tu ne le voyais pas comme cela. Tu t'es senti exploité, tu t'es réfugié dans une sorte de mutisme, je te sentais frustré. Tu achetais ta propre nourriture, tu la gardais dans ta chambre, dans le petit frigo, c'était probablement aussi décevant pour toi. Lorsque je suis allé te reconduire à l'aéroport, nous étions en avance, et nous sommes arrêtés prendre une bière. Je t'ai expliqué que j'avais toujours agi en père avec toi, que je m'étais toujours senti responsable de toi, mais que c'était terminé, je débarquais du rôle de père avec toi.

Il y a deux choses qui me sont restés sur le cœur avec toi, tu te rappelles du tableau que j'avais acheté de toi et que je te payais lorsque j'avais un surplus d'argent? Au moment où ma situation financière s'est détériorée, au point où j'allais faire faillite, il me restait une balance de $50.00 à te donner, et je t'ai demandé si on pouvait l'oublier. Tu as catégoriquement refusé, tu ne m'as laissé aucune chance. Je t'ai trouvé très peu reconnaissant, toi qui est demeuré et qui a mangé des centaines de fois chez moi, toi à qui j'ai construit un chalet.

De plus, il y a deux ans, au moment où tu as fait ta crise de frustration, tu m'accusais d'être parti à l'extérieur et de vous avoir laissé avec toute ma «merde» à vous occuper, cela m'a bien choqué. Alors mon cher Antoine, voici mes accusations :

- je t'accuse de ne pas avoir de reconnaissance
- je t'accuse d'avoir abusé de ma bonté
- je t'accuse d'être mesquin avec moi
- je t'accuse de t'être accroché à moi
- je t'accuse d'avoir refusé un jour de me donner une chance
- je t'accuse d'avoir abusé de ma compréhension
- je t'accuse de ne pas te prendre en main
- je t'accuse de faire pitié
- je t'accuse de jouer à la victime
- je t'accuse de n'avoir jamais rien fait de ta vie

- *je t'accuse de t'être servi de moi et de mes choses*

- *je t'accuse de m'avoir fait sentir coupable*

- *je t'accuse de m'avoir fait sentir responsable*

- *je t'accuse d'avoir profité de moi*

Après avoir terminé cette lettre et s'être remis de ses émotions, Jean-François se rendit à l'atelier et remit ses écrits à Madame Lalumière. Il lui mentionna que son expérience avec Lauréat et celle avec son frère Antoine, se ressemblaient beaucoup. Dans les deux cas, il s'était senti très longtemps responsable d'eux, comme un père envers ses enfants. Il était heureux d'avoir pris connaissance de la règle de responsabilité. Il s'en servirait pour calmer son sentiment de culpabilité qui était encore très souvent présent dans sa vie. De plus, il se souvenait que certaines situations du passé lui avaient amené beaucoup de colère.

– Au fait, demanda-t-il, quelle est la différence entre la colère et le ressentiment?

– La colère est une puissante réaction émotionnelle temporaire à une menace quelconque alors que le ressentiment est la manifestation d'un grief permanent qui persiste longtemps après la situation qui a provoqué une colère et qui nous fait ressentir perpétuellement la douleur du passé. Dans certains cas, la colère peut être un puissant stimulus. On peut l'utiliser aussi pour s'affirmer, pour appeler à l'aide, pour démontrer notre besoin de reconnaissance et de respect. C'est un sentiment ordinaire qui peut être une source d'énergie. Vous pouvez aussi vous donner le droit d'être en colère sans vous juger ou exprimer à l'autre la colère que vous vivez face à vous-même. Nous vivons beaucoup plus souvent de la colère envers nous-mêmes qu'envers les autres. Une colère bien acceptée peut être bénéfique. Elle permet de faire des mises au point et d'exprimer ce que nous voulons et ce que nous ne voulons plus. Le ressentiment, par contre, est très dommageable et il se doit d'être liquidé. Le moyen le plus sain et le plus efficace d'y parvenir, c'est le pardon.

Madame Lalumière présenta alors toute la formation sur la pardon véritable, tout comme elle l'avait fait pour Catherine, la semaine auparavant. Puis elle conclut:

– Pardonner ne veut pas dire que vous reconnaissez implicitement que l'autre a raison et que c'est maintenant vous qui avez tort. Le pardon nous apprend que nous pouvons avoir des perceptions différentes d'un même évènement ou d'une même expérience. Pardonner exige aussi que nous réfléchissions aux perceptions fondamentales que nous avons peut-être toujours eues et que nous n'avons jamais remises en question.

«Personne ne peut être heureux s'il en veut à quelqu'un. Si vous en voulez à quelqu'un pour quelque chose, vous créez toutes sortes d'incidents qui ramènent cette épisode dans votre vie. Ça vient toujours réveiller une blessure non guérie, parce que votre âme souffre de cette rancune et elle désire que vous appreniez à pardonner. C'est pour cela que l'on ne peut pas l'oublier».

– Pardonner ne me semble pas si facile à réaliser, pensa tout haut Jean-François.

– Même si nous commençons qu'avec notre tête, en nous disant que l'autre n'est pas si méchant, c'est déjà un bon départ. Et si nous continuons en ce sens, le cœur va s'ouvrir de plus en plus.

Madame Lalumière remit à Jean-François le document qui lui résumait la marche à suivre pour commencer à faire les pardons envers les hommes à qui il avait formulé des accusations depuis son arrivée à l'auberge. Elle lui expliqua aussi qu'il aurait à compléter ses pardons par écrit pour finaliser le tout. Elle lui mentionna qu'il avait la journée suivante pour cela et elle lui expliqua qu'il devrait bientôt débuter ses exercices d'écriture à son père, son premier modèle masculin.

– Je n'ai aucune accusation à formuler à mon père, vous savez, objecta Jean-François.

Madame Lalumière perçut les réticences de Jean-François et ne voulut pas insister.

– D'accord, alors écrivez-moi simplement ce que vous pensez de votre père. Ça vous va?

Il accepta et prit congé.

Chapitre quatorze

Deux jours plus tard, Madame Lalumière et Jean-François se retrouvèrent à l'atelier. Jean-François avait complété les détentes de pardon. Ces exercices lui avaient beaucoup plu et lui avaient apporté beaucoup de calme. Il était de plus en plus conscient du déroulement de sa vie. Tout s'éclairait doucement et en même temps, il s'inquiétait. Il avait noté ses inquiétudes et ses questionnements. Il remit ce premier document à Madame Lalumière en lui disant qu'il était de moins en moins enclin à maintenir ses accusations envers Claude et les autres hommes à qui il avait écrit. Il se disait plus conscient maintenant. Il comprenait très bien que c'était lui qui avait choisi de vivre ces expériences. La grande question, c'était pourquoi s'en voulait-il autant? Pourquoi provoquait-il toutes ces expériences? Aussi loin qu'il pouvait se rappeler, il était en colère et en rage. Peut-être lui avait-on inculquer cette rage depuis l'enfance? Il se souvenait des nombreuses fois où sa mère avait été déçue de lui, il se sentait comme sa déception constante. Elle pensait sans doute qu'il ne ferait jamais rien de bien dans la vie. À l'école, il n'était jamais assez bon. Il n'avait jamais été félicité. Ses parents auraient aimé qu'il soit le premier. C'est seulement en regardant ses bulletins lui-même (sa mère les ayant toujours gardés), qu'il s'était rendu compte qu'il n'avait pas toujours été dans les derniers. C'est vrai, il n'était pas très fort, du moins pas assez fort pour suivre le cours classique ou le cours scientifique. Il était dans le général, ce qui l'excluait des métiers qui l'attiraient. Heureusement, il avait touché un peu à la médecine durant sa formation d'infirmier. Mais il avait complété seulement deux ans de cette formation. Il l'avait toujours regretté, car si il avait fait les trois ans prévus, il aurait pu travailler dans les hôpitaux, et obtenir un très bon salaire. Il voyait bien que le responsable de toutes ses misères, c'était lui, lui seul. Il se plaçait toujours au mauvais endroit, au mauvais moment. Il n'était pas content de ses performances dans la vie. Même en écoutant des cassettes de programmation positive, il y avait toujours cette petite voix en lui qui lui disait qu'il ne le méritait pas, qu'il n'était pas capable. Oui, il portait une violence en lui, mais elle était tournée vers lui-même! Pourquoi? Voilà le mystère! Il était pleinement conscient d'être un «bon gars» et les gens lui disaient toujours qu'il était trop bon. Où était donc le juste milieu? Il était très fatigué, même son corps était épuisé, il ne voulait plus suivre. Mais pourquoi y avait-il des gens heureux et d'autres malheureux? Il avait tant cherché des réponses qu'en cette fin de journée, il était fatigué de tout cela.

Madame Lalumière avait pris le temps de bien lire les écrits de Jean-François et elle lui demanda s'il se sentait prêt à entendre l'enseignement sur le pardon de soi, étape essentielle au développement de l'amour véritable de soi. Il acquiesça et elle compléta avec lui cette autre étape de formation. Elle lui expliqua que ce pardon de soi suivrait le pardon à papa qu'il compléterait après avoir écrit à son père. Puisqu'il était venu pour cela, aussi bien y aller à fond, se dit-il. Il décida de se retirer à nouveau et de prendre le reste de cette journée pour se reposer. Il écrirait la lettre de présentation de papa, ce serait toujours un début. Il gardait confiance. Il voulait se rendre au bout de la route. Il se savait courageux. Mais en valait-il la peine, pensait-il sans cesse.

*   *   *

Après cette journée de congé, Jean-François écrivit:

Je ne me souviens pas beaucoup de mon père, je n'ai pas de souvenirs amers le concernant. La première pensée qui me vient à l'esprit, c'est qu'il m'a défendu contre un autre garçon beaucoup plus âgé que moi et qui me donnait du trouble à chaque jour à mon retour de l'école. Une bonne journée, papa l'avait surveillé et lorsqu'il l'avait vu s'en prendre à moi, il était sorti et s'en était occupé. Une autre fois, j'ai fait de la peine à papa en lui disant que je ne voulais plus du cadeau de Noël qu'il m'avait acheté. «Tu ne veux plus de cadeau de Noël, je ne t'en achèterai plus». Mais si j'avais agi de la sorte, c'est parce qu'en jouant avec mon jouet j'avais fait du bruit. Maman avait élevé la voix et avait dit qu'elle en avait assez de ce jouet. Je fatiguais ma mère et je décevais mon père. Un autre de mes souvenirs, c'est lorsque nous sommes allés au restaurant en face de chez nous pour acheter une pinte de lait et que j'ai assisté à une bagarre entre deux hommes. J'ai eu très peur, je croyais alors qu'un des deux hommes était mort. Il était couché sur le sol, un peu sur le côté, le visage contre l'asphalte. Il saignait du nez, il avait les yeux fermés, je me souviens de son visage comme si c'était hier. Papa m'avait alors dit que c'était une bataille de gars saouls. Cette bagarre-là m'a beaucoup marqué, je suis toujours resté craintif des querelles après cela, parce que les querelles, ça fait mal et on peut en mourir.

Papa aimait beaucoup les animaux. Je me souviens qu'il nous avait acheté deux lapins blancs, un pour ma sœur Fernande et un pour moi. Lui et mon oncle Paul avaient bâti une cage. Mais le plaisir n'a pas duré longtemps, *puisque les deux lapins se sont sauvés... Mais était-ce vrai?*

C'est tout ce que je me souviens de papa. Je ne me souviens pas qu'il ait joué ou qu'il se soit amusé avec nous. Sauf les promenades en forêt qu'il aimait beaucoup, les autres activités étaient plutôt orientées vers une aide que nous lui apportions pour des petits travaux qu'il effectuait autour de la maison, principalement au chalet. Je l'ai aimé mon papa, je l'ai aimé beaucoup. Il me manque encore beaucoup. Je garde encore de lui le souvenir d'un homme tendre et généreux, drôle à ses heures, un peu secret. Un bon bonhomme qui a fait son possible.

Sans s'en rendre compte, le ton de l'écrit avait changé. Il ne parlait plus de son père à la troisième personne, mais il s'adressait directement à lui maintenant.

Le seul reproche que je puisse te faire ce matin papa, c'est que tu nous as abandonnés trop vite. Quel chaos ton départ a-t-il créé! Tu étais le noyau de la famille. C'est toi que nous aimions le plus. Du coup, on a tout perdu, on a été parachuté un peu partout. De la fenêtre du voisin où je demeurais, on regardait d'autres gens habiter notre maison, cette maison que nous aimions parce qu'elle était belle et grande. Toi parti, on a perdu notre sécurité, notre joueur de piano, notre compteur d'histoires invraisemblables, notre papa à nous quoi. Tu vois je verse encore quelques larmes pour toi et j'ai 48 ans. Je ne crois pas que j'ai vraiment accepté ton départ si soudain et le mot qui me vient à l'esprit est 'injustice' ! Oui, j'ai trouvé cela injuste que le bon Dieu, soit la croyance du temps, vienne te chercher. Nous priver de toi juste après Noël en plus, je n'ai vraiment pas accepté ton départ à 100 % papa. Moi, papa, il me semble que je fais les efforts nécessaires pour comprendre. Du haut du ciel, tu vois plus loin que moi... S'il te plaît, mets-moi en contact avec les personnes adéquates qui vont faire en sorte que je pourrai vivre plus en paix, plus en harmonie avec moi-même et mes semblables.

Jean-François déposa son crayon, satisfait. Certes, il n'avait pas raconté toute son histoire avec son père, mais c'était un début. Il constata qu'il lui restait beaucoup de temps libre avant sa prochaine rencontre avec cette dame qui l'accompagnait dans sa démarche et il décida de mettre sur papier sa définition d'un papa idéal, toujours en s'adressant à son père.

Je veux te dire papa ce que c'est pour moi un papa idéal. C'est quelqu'un qui s'occupe de ses jeunes enfants, le travail passe en deuxième. Il leur enseigne qu'il est important qu'ils deviennent performants dans la vie, mais ils doivent apprendre qu'il n'y a pas que le travail, il faut aussi leur montrer à prendre soin de leur santé physique et mentale. Il faut aussi oser leur demander comment ils se sentent vis-à-vis de nous, leurs parents. Il faut toujours être juste avec eux en reconnaissant qu'ils ont des besoins différents. Il ne faut pas élever les enfants dans le même moule. Certains aiment jouer au hockey, d'autres préfèrent faire des casse-têtes. Il faut les aider à identifier leurs besoins, leur donner le droit de s'exprimer même si c'est dans la colère, car c'est une émotion humaine vécue par les êtres humains. Même les hirondelles se fâchent à l'occasion, alors pourquoi pas les enfants lorsqu'ils se sentent traités injustement? S'ils en ont assez de subir l'injustice, il faut leur laisser le droit de l'exprimer. C'est la moindre des choses, c'est vital pour la santé mentale d'un individu. Moi, jeune, je n'ai pas eu cette chance, toute démonstration de colère et de mécontentement était prohibée. C'était le respect de l'autorité, l'autorité des parents et des adultes basée sur la religion. Je me souviens des sept péchés capitaux, la colère et la paresse y étaient présents. L'envie, désirer en avoir plus, n'était pas bien non plus. Combien de fois ai-je été obligé d'embarquer dans un moule trop petit pour moi. C'est pour cela que moi en tant que père, je laisse mes enfants s'exprimer, avoir des choix et des rêves. Les rêves sont l'expression d'un futur créé par l'individu voulant se manifester en temps opportun. Saboter les rêves de quelqu'un, c'est le couper de son essence, de son désir de réaliser sa vie. C'est aussi le priver d'un puissant outil de réalisation. Je n'ai jamais détruit ou ridiculisé le rêve d'un de mes enfants. Je les ai toujours encouragés dans la poursuite de leurs rêves, je me suis même associé avec eux à un certain *moment pour les aider à réaliser ce en quoi ils croyaient, ce qui leur procuraient de l'énergie pour une vie intéressante et heureuse. Lorsque l'on réalise un rêve, on transforme une pensée en matière, on vient de créer. Tous les biens et toutes les choses qui nous entourent ont eu à l'origine, un rêve, une pensée, et un désir. Les rêves sont donc importants, il ne faut pas les ridiculiser. On prépare déjà des excursions sur la lune pour 2010 ou 2020! À ce moment-là, ce sera la réalisation d'un rêve de masse, un rêve collectif. Le rêve est primordial, si vous brisez les rêves de quelqu'un, vous brisez sa vie.*

Jean-François prenait lentement conscience qu'il reprochait peut-être à son père d'avoir briser ses rêves ou du moins de ne pas l'avoir encourager à les exprimer. La dernière phrase de la lettre était très significative.

Comme la rencontre prévue avec Madame Lalumière était fixée à 15h00, Jean-François profita de son temps libre pour marcher en forêt. Cet exercice le rapprochait toujours de son père, il se rappelait ainsi leur randonnée du dimanche. Il voulait tant ouvrir son cœur et réussir à écrire de façon très détaillée son histoire avec son père. Tout à coup, il se demanda pourquoi était-ce si important qu'il réussisse à compléter cet exercice. Oui, ce serait sûrement libérateur, mais était-ce aussi essentiel qu'il le croyait? Pourquoi cette étape était-elle incontournable sur la route de la guérison?

Au bout de plusieurs minutes, il revint à l'auberge et se rendit à l'atelier. Toutes ses questions se bousculaient encore dans sa tête. Dès le début de la rencontre, il fit part de ses interrogations à Madame Lalumière et insista sur la raison de la nécessité d'accuser son père de quelque chose.

Madame Lalumière le regarda intensément puis lui répondit.

– Jean-François, votre question arrive à point aujourd'hui. Tout d'abord, l'écriture de l'histoire avec votre père vous libérera et vous éclairera sur la forme de relation qu'il y avait entre vous deux ou sur l'absence de relation. Dès que vous prenez votre crayon pour écrire, vous vous branchez à votre âme en quelques minutes. Ainsi, tel un ordinateur, vous avez alors accès à des informations enregistrées dans votre mémoire cellulaire. En écrivant, vous libérez les émotions vécues à la suite de ces expériences et vous avez l'opportunité en même temps de relier votre perception de celles-ci à la souffrance ressentie. Vous êtes alors en mesure d'identifier la blessure de votre enfance inscrite dans votre inconscient. L'identification de cette blessure nous éclaire sur la forme d'amour ou d'attention que vous vous attendiez de vos parents et que vous n'avez pas reçu ou perçu.

«Pour simplifier, parlons en terme de couleurs. Supposons que l'*attention* soit l'*amour bleu* et la *présence*, l'*amour rouge*. Si vos parents étaient présents mais qu'ils ne faisaient jamais attention à vous, vous avez reçu, au cours de votre enfance, de l'*amour rouge* en quantité et vous avez manqué d'*amour bleu*. Ainsi par l'écriture, vous serez en mesure finalement de découvrir que la seule forme d'amour que vos parents pouvaient vous donner, c'était l'*amour rouge*. Ils étaient dans l'incapacité de vous donner de l'attention parce qu'ils n'en ont pas reçu eux-mêmes et surtout parce qu'ils ne sont pas conscients qu'ils ne répondent pas à vos besoins».

«Votre rôle maintenant est de permettre à votre enfant intérieur d'être déçu de ne pas avoir reçu la forme d'amour qu'il attendait, d'avoir souffert, d'en avoir voulu à ses parents pour cette souffrance, d'avoir développé des comportements pour se faire aimer au lieu de s'aimer lui-même, et enfin de permettre à l'adulte que vous êtes maintenant de mettre en lumière ces accusations qui s'adressent à vos parents afin de leur demander pardon, de leur pardonner et surtout de vous pardonner vous-même».

– Pourquoi est-ce à mon père que je dois écrire et non à ma mère? Vous savez, j'aurais beaucoup plus de facilité à accuser ma mère car elle n'était pas de tout repos. Mon père, lui, a toujours fait son possible.

– Jean-François, tous les parents font toujours du mieux qu'ils peuvent. Le but de ces exercices d'écriture n'est pas de dévoiler leurs difficultés ou leur incapacité dans l'éducation de leurs enfants, c'est de mettre en lumière ce que vous, dans votre enfance, vous avez perçu d'eux. Pourquoi votre père? Souvenez-vous lors de notre première rencontre, je vous ai demandé si vos problèmes financiers, raison de votre présence à l'auberge, avaient été expérimentés avec des hommes ou des femmes. Vous m'aviez répondu sans hésitation: les hommes. À partir de ce que vous avez ressenti avec ces hommes, abus, trahison, humiliation, nous sommes capables de mettre en lumière certaines blessures de votre enfance. Et elles sont en relation avec le côté masculin, soit votre premier modèle: votre père. N'oubliez pas toutefois que la libération et la guérison de votre âme seront complètes à la suite du pardon avec papa et avec maman.

– Vous m'éclairez, mais cet exercice demeure quand même très difficile pour moi. Mon père est parti tellement vite et je l'aimais beaucoup.

– Soyez sans crainte, ce travail de libération n'altèrera en rien cet amour que vous lui portez. Au contraire, il brisera les chaînes des accusations et des déceptions qui vous gardaient prisonniers l'un de l'autre et votre amour retrouvera sa pureté. L'exercice de pardon vous redonnera également votre propre identité, vous aurez finalement accès au *vrai* Jean-François, et il vous gardera sur la route de votre âme, la route de l'amour de soi.

Songeur, mais déterminé à aller jusqu'au bout, Jean-François décida d'écrire à son père sur le champ.

– Nous verrons bien..., avait-il ajouté en se dirigeant vers la salle d'écriture. Même s'il se faisait tard et que le repas du soir serait bientôt servi, il débuta l'exercice.

Bonjour papa. Je viens aujourd'hui te parler par l'écriture. Je veux t'exprimer premièrement mes excuses pour mon comportement envers toi le jour de ton décès et les quelques jours qui l'ont précédé. Je voudrais te dire, et je sais que tu le comprends, que j'étais un adolescent, à ce moment-là, et je voulais prouver à mes amis que je pouvais emprunter l'auto de mon père, et aller faire un tour au bout de la rue. Bien sûr tu avais vu clair, j'aurais pu m'exciter avec les autres, ah ! Tu avais raison, mais à ce moment-là, je ne voulais pas l'entendre, d'autant plus que mes amis avaient déjà la permission eux de prendre l'auto de leur père, et moi cela m'était refusé.

Je trouvais cela injuste car je participais beaucoup aux travaux quotidiens à la maison. Le pelletage de l'entrée tout l'hiver... Antoine était trop jeune et trop petit pour tenir une pelle. L'été, c'était la peinture de la maison à moi seul. Les filles ne peinturaient pas et Antoine était encore trop petit. Après cela, les mauvais herbes du jardin à arracher, puis les poulets à soigner pour les tuer à l'automne. Je me souviens encore d'avoir adopté une poule en particulier, c'était ma préférée, mon amie quoi. Quand j'ai dû la tuer, ça m'a fait quelque chose, on dirait encore plus aujourd'hui parce que j'ai les larmes aux yeux. Pourquoi la mort vient-elle toujours m'enlever ceux que j'aime? Maudite mort, pourquoi es-tu aussi présente dans ma vie? Comment peut-on être heureux *quand la mort nous sépare toujours de ceux que nous ai-mons, de nos amis, de ceux qui nous aiment sans condition, juste pour ce que l'on est, juste pour cela, pour l'affection que nous leur donnons?*

Pourquoi est-ce que j'ai cédé aux demandes de la famille envers mon beau chien que j'aimais? Pourquoi l'ai-je tué moi-même? Je me vois encore le tuer, pauvre petit, je me vois encore le tuer! Pourquoi encore a-t-il fallu que je me sépare de mon ami? Vraiment il y a de quoi être en-ragé des fois... toujours satisfaire les besoins et exigences des autres, et moi qu'est-ce que je suis dans tout cela? Un Jean-François qui s'oublie toujours pour les autres. Comme de raison, lorsque je serai mort, ils vont dire que j'étais un maudit bon gars. Dommage qu'il soit mort si jeune! Mais dans le fond, je serai libéré d'une vie pe-sante, difficile à traîner, et maintenant je crois que j'ai beaucoup plus d'amis dans l'au-delà.

Je sens que Madame Lalumière va dire que je n'ai pas compris, que je n'ai pas répondu aux exigences. Je ne suis pas en mesure de répondre à ses exigences à elle non plus, je suis habitué à cette chanson, je l'ai entendue que trop souvent dans mon enfance.

Il s'arrêta ainsi. C'était bien suffisant pour aujourd'hui. Il reprendrait le lendemain. Il sentait qu'il libérait certaines émo-tions et il accepta de s'abandonner à ce qu'il ressentait. Tant pis si ce n'était pas la bonne façon.

* * *

Après une nuit un peu tourmentée, Jean-François reprit l'écriture en laissant monter les souvenirs et les émotions.

Papa, c'est vrai, j'étais fâché après toi. Je te boudais, si j'avais su que tu ne reviendrais plus jamais, je t'aurais sûrement embrassé sur la joue. Peut-être que mon attitude de cette journée-là a concrétisé ton départ vers l'au-delà. Toi tu n'étais pas heureux de toutes façons sur la terre, combien de fois je me suis reproché de ne pas t'avoir regardé. Tu m'avais souhaité une bonne journée, je ne t'ai même pas répondu. Maudit que j'étais soupe au lait. Je dois tenir ça de toi, car j'ai appris que tu étais boudeur. Je te comprends, lorsque notre cœur est en manque d'amour, on a mal à l'âme. Tu as perdu ta maman si jeune (3 ans), et ta sœur Yolande, qui était ta mère adoptive, encore une autre séparation douloureuse. Pas étonnant que tu aies toujours appelé ta femme maman. Je ne t'ai jamais entendu dire son vrai nom. Tu as cherché l'affection et la tendresse d'une mère dans ta femme, mais elle avait été orpheline de mère, élevée par un homme autoritaire, suspicieux et probablement aigri par la vie. Comment voulais-tu qu'elle soit en harmonie avec un homme, quand ce qu'elle avait vécu avec son père n'était pas très reluisant? Elle s'est retrouvée avec un homme enfant soumis comme elle l'avait été avec son père. Je crois sincèrement que j'ai été élevé sous le règne de la soumission.

Papa, ce que je veux te dire aujourd'hui, c'est que je m'excuse pour mon attitude le jour de ta mort. Je t'aimais en homme ou en enfant, je n'en voyais pas la différence. Je me demande encore la raison de ma première réaction lorsque j'ai appris ton décès. J'étais très en colère, celle-ci s'était sûrement accumulée en moi. C'est comme lorsque l'on presse une orange, il en sort du jus. Moi c'était du jus de colère ! Contre qui ? Je ne sais pas encore... je trouvais que ce n'était pas juste que tu partes aussi vite. Peut-être que je te considérais comme un ami... c'est certain que j'avais besoin de toi papa, petit lâcheur... dans le fond petit chanceux ! Tu étais libéré de la mère et moi j'héritais un peu de la corvée. Je me revois encore dans mon lit le soir de ton décès, les oncles et les tantes passaient près de moi, me mettaient la main sur l'épaule et me disaient: «c'est toi le père maintenant». Toute une occupation ! Elle a été plus morale qu'autrement. Après ton départ, la famille a été dispersée. Vois-tu papa, c'était toi le noyau, c'était toi qui tenait tout cela ensemble. Vois-tu à quel point tu étais important ? Après ton départ, ça n'a pas été si facile que cela, parachuté dans une maison froide, sans amour, tellement que je n'ai pas pu y vivre, je crevais de faim. J'ai demandé à déménager chez un de mes amis. Heureusement, j'y ai connu une autre version de la vie de famille. Le père de famille était absent, il travaillait toujours à l'extérieur, ne descendant que les fins de semaine. Je n'avais plus de chez moi, mais au moins je demeurais chez un de mes amis, en face de notre ancienne maison. Ironie du sort, c'est ma blonde de ce temps-là qui est venue habiter là. J'ai quand même eu accès pour un petit bout de temps aux lieux familiaux.

Tu sais papa, le chanceux dans tout cela, c'était toi, après avoir passé Noël avec nous, tu as rejoint au ciel ta maman, ton papa, les anges et leurs beaux cantiques. Tu savais si bien jouer du piano... depuis ton départ, le piano s'est tut.

Papa, tu étais tout dans ma vie. Tu sais, ton départ a fait un maudit grand trou, parce que entre moi et maman, c'était difficile. Tu étais comme mon ami, mon chum. Tu n'as peut-être pas ressenti mon amour... je ne sais pas... papa, toi non plus tu n'étais pas très démonstratif. Moi avec mon fils, je ne rate jamais une occasion de lui dire que je l'aime et je l'embrasse. Heureusement, j'ai appris à communiquer mes sentiments en suivant des cours. Toi tu n'as pas eu cette chance. Sans doute que tu aurais aimé le faire. On ne peut pas enseigner ce qui ne nous a pas été montré. Je te pardonne papa. Tu sais, lorsque l'on est jeune, on raisonne avec notre petite tête d'enfant. Aujourd'hui, avec ma vision d'adulte, je peux voir combien de fois tu as posé des gestes de bonté à mon égard.

D'autres pères ne faisaient pas pour leur fils ce que tu as fait pour moi. Je me demande même si moi j'en aurais fait autant, sortir du lit entre 10 ou 11 heures du soir en hiver pour venir me chercher chez ma petite blonde du temps, il fallait le faire. J'espère que ce n'est pas parce que tu étais fatigué de faire le taxi que tu es mort.

Papa, tu sais après ton départ, je t'ai recherché dans mes amis. Ils étaient toujours plus vieux que moi, des deuxièmes pères quoi. Et cela s'est poursuivi même en affaires, je faisais confiance à des hommes qui représentaient pour moi le père, le guide qui nous prend par la main, qui nous montre quoi faire. J'ai beaucoup recherché cela dans mes relations et je le recherche encore, je crois, jusqu'à un certain point. Papa, du haut de ton ciel, peux-tu m'aider à mettre fin à cette dépendance paternelle qui dans le fond m'empêche de voler de mes propres ailes, toujours plus haut. Je connais des gens moins intelligents que moi qui réussissent mieux que moi. C'est pas l'intelligence, c'est la confiance qui manque. Donne-moi une poussée divine si tu es capable. Cela doit bien exister, une aide divine? Pourquoi est-ce toujours difficile? Pourquoi faut-il toujours que je force? C'est épuisant à la longue. Vois comme je suis épuisé, on dirait que j'ai 100 ans. Il ne me reste plus de vitalité.

Papa, grand-papa, mon fils et tous les autres, je vous ai tellement priés que j'en suis épuisé, et j'oserais dire *écœuré, découragé. Que faites-vous? J'ai demandé de l'aide de toutes les façons, en écrivant, en priant, en pleurant, en riant, et il me semble que je suis toujours au même point. Je trouve la vie difficile à vivre, elle ne m'apporte pas de grandes joies, et lorsqu'elles se manifestent, elles sont de courte durée. Après tout, je recherche peut-être ce qui n'existe pas, le bonheur, l'amour, la joie, le succès.*

Deux heures s'étaient écoulées depuis que Jean-François avait débuté l'écriture. Ému et épuisé, il sortit pour une longue marche dans la nature. À son retour, il accepta un succulent repas. Sa vitalité refit surface et il s'engagea dans la poursuite de sa lettre.

Papa où étais-tu lorsque maman perdait le contrôle, et qu'elle était trop sévère? Tu aurais pu intervenir et dire que c'était assez. Tu savais toi, que je n'étais pas un enfant difficile. Papa tu étais mon modèle d'homme, le premier homme de ma vie qui devait me guider pour être un homme dans le futur.

Papa, tu ne t'es pas tenu debout devant maman. Tu la laissais tout diriger et cela faisait bien ton affaire. Ainsi tu n'avais pas de décisions à prendre, donc pas d'erreur possible. Papa, j'avais besoin d'un modèle d'homme pour savoir comment me battre, lorsque l'on m'agresse. Je veux toujours apprendre à me défendre, arrêter de me faire abuser. Papa, montre-moi à être fort, montre-moi à diriger avec une main de fer dans un gant de velours. Papa, tu m'as trahi, tu étais mon modèle, moi qui pensais devenir un homme solide en faisant comme toi et je m'aperçois que je suis un mou. Tout le monde me marche dessus. Encore une chance que je sois gros, sans cela on m'aurait déjà rentré dans la terre. Toi tu te vantais que tu étais bon au hockey, tu n'as jamais joué au hockey avec nous dans la rue.

Moi papa, je voulais que tu me montres comment réagir lorsque l'on se fait battre, me montrer à me défendre lorsque l'on m'agresse, me montrer à parler fort lorsque cela est le temps de le faire. Tu n'as pas été assez fort pour m'enseigner à sortir ma force. Oui tu m'as montré comment mettre des vers après un hameçon, mais seul au milieu d'un lac, c'est vraiment pas agressant. Comme j'aimerais être fort aujourd'hui pour me faire respecter et mettre les autres à leur place quand il le faut.

Papa j'avais besoin de toi pour me montrer à me battre, à gagner, pas à perdre ! Où es-tu mon champion de la désillusion ? Papa j'ai peur de me battre, j'ai peur lorsque l'on parle fort, quand on me crie après, je capitule toujours. C'est à cause de toi tout cela. Tu es un faible, un peureux, un lâche, tu t'es laissé marcher dessus plutôt que de défendre ton opinion. Les autres d'abord, et toi après s'il en reste. Quelle faiblesse, ce n'est pas croyable. Moi qui pensais que tu étais un homme, un vrai, celui que l'on admire pour sa force, pour ses convictions. Que tu es petit ma foi, que tu es petit.

199

Si j'avais à revenir au monde, tu peux être sûr que je ne te choisirais pas comme modèle d'homme, de guerrier, de fonceur, parce que je te le dis, tu ne l'as vraiment pas, ça alors mais pas du tout. C'est l'échec total à ce niveau mon petit papa. Tu ne m'as même pas montré à exprimer ma colère. Tu aimais mieux te réfugier dans le cognac pour apaiser la tienne. Où était-il le dialogue entre nous deux? Quand t'es-tu préoccupé de savoir comment j'allais? Quand as-tu joué dehors avec moi? Quand as-tu été mon héros? Jamais, je n'ai pas eu de modèle de héros dans ma vie. J'ai eu un modèle de victime, de mou, de frustré, de boudeur, de perdant, de peureux. Tu t'es brisé la colonne en tombant et tu n'en as pas parlé à ton père parce que tu avais peur de lui. C'est ce que tu m'as enseigné aussi, la peur, la maudite peur qui me suit partout. J'en suis presque rendu à en faire une maladie, des peurs: peur de la police, peur de la faillite, peur du jugement des autres, peur de m'engager, peur de vieillir, peur du ridicule, pour cela je peux dire que tu as été un champion dans cet enseignement. Ce n'est pas cela que je voulais, j'avais besoin d'un homme avec une vraie colonne, qui se tient debout, qui est un protecteur, un justicier qui défend les plus petits quand on les abuse. Tu m'as trahi papa dans mes attentes envers mon modèle d'homme. Mon guerrier manqué, tu aurais dû passer moins de temps à prier et plus à nous parler, nous tes propres enfants. C'est bien beau d'aller à la messe tous les dimanches même dans la tempête, mais passer le dimanche à la maison avec nous, parler avec nous ou jouer à des jeux aurait valu mieux qu'une messe en latin. Tu allais à l'école de la peur et du châtiment, et tu nous amenais avec toi pour faire de bons peureux, religieusement soumis à la volonté de Dieu, interprété par un curé frustré qui ordonnait à ses ouailles de donner plus généreusement pour payer ses extravagances démesurées, des moutons à l'esprit lavé par la crainte du châtiment et des représailles divines. «Le bon Dieu va te punir, le bon Dieu n'aime pas cela, tu fais de la peine au petit Jésus quand tu agis comme cela». Voilà les paroles qui nous ont suivis pour construire notre confiance en nous. Nous avons eu des modèles pour apprendre à nous sentir coupable de tout, pas le droit à la liberté de pensée, pas le droit à la libre expression. Où peut-on aller ainsi dans la vie? Je ne suis qu'une ombre, je ne marche jamais dans la lumière de la confiance, dans l'action. Je ne suis que des peurs, des doutes et des châtiments. J'ai été moulé dans la culpabilité, l'injustice et la punition. Je n'ai pas de paramètres de succès, je n'ai pas eu de modèle de gagnants mais beaucoup de modèle de perdants.

Il faut que cela arrête papa, ce rôle de défaitisme. Je veux poser les bons gestes pour découvrir le vrai Jean-François, sa vraie mission sur terre. Je veux être heureux, bien dans ma peau, et non pas être le serviteur de l'Univers entier. Moi aussi j'ai des besoins, moi aussi je veux ma place au soleil, moi aussi je veux être un être complet, souriant et confiant. Je veux rire, m'amuser, m'aimer, et continuer d'être un vrai père pour mon fils, être un modèle pour lui dont il sera fier.

Jean-François fit une légère pause et continua.

Papa, je suis fatigué de t'écrire et de te chercher des défauts. J'ai de la difficulté à me remémorer mon enfance avec toi peut-être parce que tu étais toujours absent. Je me souviens très peu de mon enfance avec toi, d'avoir joué avec toi. J'ai quelques bons souvenirs mais ils sont tous vers l'âge de 12 ans et plus, avant cela, tout ce que je me souviens c'est la pêche au doré le soir au chalet, et nos promenades en forêt. Je me souviens que tu m'as acheté une bicyclette. J'avais environ 9 ans, j'étais tellement content. Un peu plus tard, je me souviens que tu m'ais acheté un arc et des flèches, des bottes pour la pêche, un fusil de chasse, une auto à construire. Je me souviens que tu étais mon champion de la conduite automobile et tu n'as eu qu'un seul accident mais fatal. Tu nous as désorganisé pas à peu près et ta mort a changé notre vie du tout au tout. On était habitué à faire un tour d'auto avec toi le soir... ça me manquait tout cela, tu n'as même pas vu mes enfants. Il y en a déjà un près de toi, mon petit rebelle, que je n'ai pas su aimer comme il faut. J'étais beaucoup trop rigide et discipliné à ce moment-là de ma vie...

202

- *Papa, je t'accuse d'avoir été absent,*
- *Papa, je t'accuse de ne pas avoir joué avec moi*
- *Papa, je t'accuse d'avoir été trop sérieux avec moi*
- *Papa, je t'accuse de m'avoir trop fait travailler en bas âge*
- *Papa, je t'accuse de ne pas t'être occupé de mon éducation*
- *Papa, je t'accuse d'avoir laissé maman tout contrôler*
- *Papa, je t'accuse de ne pas avoir exprimé tes émotions*
- *Papa, je t'accuse de ne pas avoir été démonstratif dans tes sentiments*
- *Papa, je t'accuse de m'avoir ignoré*
- *Papa, je t'accuse de ne pas avoir fait assez d'activités avec moi*
- *Papa, je t'accuse de ne pas avoir pris mes enfants dans tes bras*
- *Papa, je t'accuse de ne jamais avoir concrétisé tes rêves*
- *Papa, je t'accuse d'avoir vécu pauvrement toute ta vie*
- *Papa, je t'accuse d'avoir été un lâcheur, une victime*
- *Papa, je t'accuse de ne pas m'avoir enseigné l'épargne*
- *Papa, je t'accuse de nous avoir laissé dans la misère à ta mort*

- *Papa, je t'accuse de ne pas nous avoir motivé à l'étude*
- *Papa, je t'accuse de ne pas m'avoir enseigné la bravoure*
- *Papa, je t'accuse de ne pas m'avoir respecté et écouter mes rêves*
- *Papa, je t'accuse de m'avoir trahi*
- *Papa, je t'accuse de ne pas avoir été un bon modèle d'homme*
- *Papa, je t'accuse de ne pas avoir joué ton rôle de père*
- *Papa, je t'accuse d'avoir été sans colonne vertébrale*
- *Papa, je t'accuse de ne pas m'avoir appris à prendre ma place*
- *Papa, je t'accuse de m'avoir obligé à me débrouiller seul dans la vie*
- *Papa, je t'accuse d'avoir laisser maman nous faire peur avec ses peurs*
- *Papa, je t'accuse de ne pas m'avoir permis d'exprimer ma colère*
- *Papa, je t'accuse de m'avoir traité injustement*
- *Papa, je t'accuse de ne pas t'être occupé de nos besoins*
- *Papa, je t'accuse de ne pas avoir tenu compte de mes désirs*

- *Papa, je t'accuse de ne pas m'avoir respecté dans mon âme d'enfant*

- *Papa, je t'accuse de ne pas m'avoir donné l'espace dont j'avais besoin*

Jean-François termina ainsi cette lettre, étonné de tout ce qu'il avait écrit. Enfin, il se sentait bien. Il avait complété sa lettre et sa liste. Mais l'exercice avait suscité bien des interrogations dans son esprit. Il reprit de nouveau son crayon et inlassablement nota ses réflexions.

Est-ce que je désire vraiment le bonheur et le bien pour moi? Est-ce que je crois que cela est possible ou est-ce que je rêve en couleur? J'ai un Jean-François à l'intérieur de moi qui juge que je ne suis pas bon et qui veut me faire payer toutes mes erreurs. À chaque fois que je me suis relevé, je suis toujours retombé. Ai-je abandonné? Est-ce que je ne crois plus au bonheur? Est-ce devenu une mission impossible? Je crois bien que Dieu, qui est bonté et perfection, veut mon bonheur... c'est moi qui accroche dans tout cela. Est-ce que ma personnalité de victime serait mon moyen d'attirer la compassion, l'intérêt, l'attention? Est-ce que je me valorise dans le malheur? Plus d'une fois je me suis fait dire: «tu es très fort d'avoir passé à travers tout cela». On pourrait presque appeler cela un succès dans le malheur, une suite logique à l'éducation familiale. Mes parents se sont toujours considérés comme malchanceux.

Combien de fois je me suis dit, comme jeune entrepreneur, que j'allais réussir, mais la vie m'a toujours ramené à la case départ. Probablement que tout cela fait partie de mon apprentissage, l'apprentissage au malheur et à la désillusion. Je crois que je bats facilement en retraite lors d'une défaite et je me tape sur la tête. Oui, d'un côté, je sens que je mérite le bonheur parce que c'est beaucoup plus plaisant de vivre dans la joie, que dans l'attente du prochain malheur à venir ou de vivre sans trop exprimer de joie, parce que l'on a peur que le malheur frappe. Oui, parfois le malheur frappe, mais il ne doit pas devenir la toile de fond pour peindre notre vie. Si c'est moi l'artiste de ma vie, alors le bonheur, pourquoi pas? Qu'as-tu de moins que les autres? Qu'as-tu fait d'aussi grave? Si tu as fait quelque chose, mérites-tu de payer toute ta vie entière? C'est stupide d'entretenir des pensées comme cela, tu es un excellent homme, doux, romantique, honnête, travailleur, créatif, intelligent, empathique, dévoué. Tu as le goût d'apprendre, de voyager, de décorer... Qu'est-ce qui te manque pour dire oui à l'abondance sur tous les plans? Il ne te manque rien Jean-François, tu n'as qu'à dire oui j'accepte, oui j'accepte d'être une créature divine nourri par un flot divin sans fin. Oui, j'accepte et je veux vivre l'expérience d'un bonheur durable, jusqu'à la fin de mes jours.

Il se hâta de retourner à l'atelier afin d'y retrouver Madame Lalumière à qui il remit tous ses documents, y comprit celui de ses dernières réflexions. Elle prit le temps nécessaire à la consultation complète des textes de Jean-François. Elle retint l'idée de la victime que semblait véhiculer Jean-François.

– Permettez-moi de vous fournir certaines informations sur la personnalité dite *victime*, lui dit-elle. Elles vous permettront de continuer à mettre en lumière ce que vous êtes vraiment.

– Je vous écoute, accepta Jean-François.

– Une personnalité est dite *victime* lorsqu'elle n'est pas du tout en contact avec son grand pouvoir de créer sa vie elle-même et avec les lois de l'amour qui nous enseignent que l'être humain est complet par lui-même. La *victime* se sent impuissante parce qu'elle n'est pas dans son pouvoir. Cela est dû habituellement à un incident survenu au cours de son enfance. Elle a ressenti un fort sentiment d'injustice, ce qui a déclenché le comportement de victime. Elle s'est alors dit: «comment se fait-il que cela m'arrive? Pauvre moi, ce n'est pas juste.» Elle a décidé de croire qu'elle était née dans un environnement qui avait le dessus sur elle, qu'elle était tout à fait impuissante face aux situations, qu'elle était à la merci de son entourage et que les autres avaient le contrôle et le pouvoir sur elle.

«Cette personne vit constamment des expériences où elle est victime de quelqu'un ou de quelque chose alors qu'en réalité elle ne peut pas subir aucune injustice puisque son âme sait exactement les expériences dont elle a besoin pour apprendre les leçons qui la ramèneront sur la route de l'amour de soi.»

«Chaque expérience vécue fait partie d'un plan divin dont le déroulement est une succession logique d'événements tenant compte de nos décisions prises antérieurement. Rien ne peut nous arriver sans qu'une cause ait été mise en mouvement auparavant. C'est ce qu'on appelle la grande loi de cause à effet. Tout ce qui émane de nous, nous revient. La victime croit généralement que la vie est injuste et qu'elle n'est qu'une série de malheurs. La raison pour laquelle il est si difficile pour une personne ayant une personnalité de victime de s'en sortir est qu'elle a une peur démesurée de ne plus obtenir d'attention si ses malheurs disparaissent».

«Ainsi, elle n'utilise pas son pouvoir intérieur pour se sauver elle-même, mais pour sauver les autres. Elle plonge alors dans son rôle de sauveteur et elle passe à côté de sa personnalité de victime. La victime est toujours dans une énergie de *pauvre moi*. Étant donné qu'être pauvre, c'est toujours manquer de quelque chose, le domaine où vous avez l'impression de manquer de quelque chose vous indique le domaine où vous vous sentez victime».

«Ce qui est malheureux, c'est que plus on se plaint de manquer de quelque chose, plus on en manque. En même temps qu'elle ne veut plus sauver les autres, la victime se rend compte aussi que les autres ne veulent plus la sauver. Elle commence lentement à s'ouvrir à l'idée que la seule personne pouvant la sauver, c'est elle-même. Plus une personne souffre, plus elle a oublié qui elle est vraiment, plus elle a perdu le contact avec son âme».

Madame Lalumière termina ainsi et remit à Jean-François un document explicatif qui l'aiderait à mieux connaître le fonctionnement de ce type de personnalité. Il se retira ensuite pour compléter sa détente dirigée et écrire ses pardons à papa, deux étapes essentielles à terminer avant d'entreprendre le pardon de soi.

* * *

Le lendemain, Jean-François reçut le dernier sujet d'enseignement à l'auberge mettant en lumière le pardon de soi qui conduit à la libération et à l'amour véritable de soi. Il retint particulièrement les dernières phrases de cet enseignement: «si vous vous laissez dominer par un sentiment de culpabilité, vous ne pourrez pas ressentir de compassion envers vous-même, même si la douceur et la compassion demeurent toujours au fond de vous. C'est en vous pardonnant que vous parviendrez à accepter vos erreurs, à les considérer comme des réactions de crainte ou comme des tentatives confuses pour acquérir le pouvoir ou l'amour dont vous estimiez être privé».

Jean-François s'octroya une journée de relâche pour réfléchir et se préparer à cette étape très importante. Il avait souvent écrit qu'il se sentait coupable. Il savait qu'il avait une certaine facilité à s'accuser. Il souhaitait entreprendre la détente du petit enfant et celle du pardon. Il reprendrait aussi ses écrits pour vraiment exprimer tout ce qu'il ressentait envers lui-même. Il prit connaissance du document que son guide lui avait remis et il lit ceci :

Voyez-vous en petit garçon exaspéré et effrayé, c'est cet enfant blessé ou effrayé qui est responsable de l'absence d'affection ou de l'incapacité de formuler un jugement sûr. Cet enfant blessé continue de vivre en vous à l'âge adulte si, dans votre enfance, vous avez été privé d'amour, de compréhension et de réconfort. Soyez sensible à son existence, permettez-lui d'être enfin lui-même. En vous pardonnant, vous apprendrez à reconnaître votre enfant blessé, son appel à l'aide ainsi que son besoin d'affection et de respect. Au fur et à mesure que l'enfant en vous aura le sentiment d'être aimé et d'être suffisamment en sécurité pour se sentir en vie et croître, vous renaîtrez naturellement dans un monde plus sécurisant. Vous parviendrez à la guérison de votre âme en nouant des relations saines entre l'enfant et l'adulte en vous.

Jean-François s'installa et écouta la détente «petit enfant». Il demanda ensuite à rencontrer Madame Lalumière pour lui faire part de ce qu'il ressentait. Elle l'écouta attentivement et lui mentionna qu'elle sentait que son désir de pardonner était sincère et elle lui suggéra de se donner le temps nécessaire pour y parvenir.

– Si vous ne pouvez le faire maintenant, c'est que le petit enfant en vous souffre encore beaucoup trop. Prenez le temps de le consoler, de le bercer et de le rassurer. Avec le temps, sa blessure s'atténuera, vous pourrez alors vous pardonner de vous avoir accuser. Petit à petit vous continuerez à prendre conscience que vous êtes sur la terre pour vivre des expériences et pour apprendre à travers celles-ci. Vous donner le droit de les avoir vécues sans vous accuser, sans vous condamner ou sans vous juger est le moyen le plus efficace pour apprendre. Si vous continuez à vous juger sévèrement, vous vous éloignerez de l'acceptation et de l'amour véritable car aimer véritablement, c'est accepter les évènements et les réactions qu'ils suscitent tels qu'ils sont. En vous permettant d'avoir des limites, des faiblesses, des peurs et des souffrances, vous amorcez le processus de transformation.

«Pour faciliter le contact avec cette partie de vous, je vous suggère de visualiser le jeune enfant en vous qui a souffert, de le prendre dans vos bras et de le réconforter en reconnaissant qu'il a souffert et en comprenant que c'est pour cette raison qu'il a réagi de la sorte, tout en sachant qu'il en est maintenant conscient et qu'il ne veut dorénavant vivre que dans l'amour.»

La rencontre se termina ainsi et Jean-François entreprit de compléter la détente du pardon, il reverrait Madame Lalumière en fin d'après-midi.

Jean-François se rendit à la salle de détente. Il revit les accusations qu'il avait adressées à son père et il remarqua qu'il y en avait quelques-unes qui pouvaient s'appliquer à lui. Il décida de compléter sa liste d'accusations personnelles. Il prit conscience de toutes les émotions suscitées par celles-ci. La lumière se faisait finalement en lui, il reconnaissait que ces accusations étaient étroitement liées aux traits de sa personnalité qu'il avait toujours rejetés ou qu'il n'acceptait pas. C'étaient les mêmes caractéristiques qu'il n'avait jamais acceptées chez son père. Les larmes coulèrent tout doucement sur ses joues. Il s'installa et mit en marche le magnétophone pour suivre la détente du pardon.

Dès qu'il eut terminé, il se rendit au pied de la montagne pour se reposer et profiter de cette fin de journée ensoleillée. Dès son retour, il retourna dans la salle «libération» et écrivit à son petit enfant intérieur.

Mon petit Jean-François, je veux te dire ce matin que je suis de plus en plus conscient de ta détresse et de ta fragilité. Je m'engage à partir de maintenant à prendre soin de toi et à te donner ce que tu as besoin pour guérir des blessures du passé et te sentir bien. Je te promets aussi de respecter tes états d'âme et de les accepter. Je m'engage également à vivre le moment présent et à profiter au maximum du temps qu'il nous reste pour développer l'amour véritable. En travaillant nos futurs projets d'affaires, nous atteindrons tous les deux une belle réussite et ce qui est le plus important, nous le ferons dans le respect de ce que nous sommes. Ne crains rien, je garderai du temps pour que l'on puisse s'amuser, rire, se divertir, faire de l'exercice et voyager. Je te serre très fort et te dis à tout de suite...

Il se faisait tard déjà. Jean-François prit un excellent repas et se coucha tôt. Plus que deux jours à l'auberge, mais deux bonnes journées de travail. Il se sentait bien, libéré et de plus en plus confiant.

211

Chapitre quinze

Levé très tôt, Jean-François décida d'écrire avant sa rencontre avec Madame Lalumière.

Je deviens plus inquiet en vieillissant, pourtant je sais qu'il me faut travailler pour développer ma créativité et je dois le faire avec confiance. Je demande donc à la force de vie qui est partout, autant dans les roches que dans les oiseaux, de me pénétrer, d'être encore plus vivante en moi. Je continue de demander au Divin de mettre sur ma route des personnes qui vont me donner des réponses pour en arriver à une guérison complète. Je demande à Dieu de me guider vers ma vraie place, de m'orienter vers un travail qui me permettra la pleine expression de moi-même. Je demande à Dieu de m'aider à rayonner d'amour et de compassion et de m'apprendre à pardonner, de m'accompagner dans tout ce que je dis et dans tout ce que je fais. C'est ma prière ce matin.

Nous les hommes, avec notre esprit possessif, «ma maison, mon auto, mon argent, ma femme, mes enfants...», nous oublions trop souvent que la vie est un voyage d'apprentissage, tout nous est prêté, même la vie. D'un autre côté, pour moi, cela me crée une certaine ambiguité, j'aime bien les choses qui vont durer comme les pyramides par exemple. Je suis rendu à 48 ans et quelques fois ça me démotive de savoir que je vais mourir, c'est comme si j'allais manquer de temps pour accomplir mes projets. Je me dis aussi que cela ne vaut pas la peine d'entreprendre ou de construire, je vais mourir quand même. Je crois que le désir de vivre éternellement nous amène à nous réincarner parce que l'on a pas eu le temps de faire tout ce que l'on désire faire dans une vie. Pourquoi la vie passe-t-elle aussi vite? Et en plus on la gaspille en pensant à hier ou à demain ! Pourquoi ne suis-je jamais dans mon présent? Pourquoi sommes-nous toujours en train de nous inquiéter du futur ou à regretter nos 20 ans?

J'aurais voulu réaliser de grandes choses, comme tout être humain. Lorsque je regarde en arrière, je réalise que j'ai eu principalement des échecs... pas vraiment de quoi être fier. Ma plus grande réalisation est de vivre des expériences difficiles. Est-ce que l'on s'incarne en choisissant l'état de victime? Bonne question ! Parti avec une éducation très conformiste ou Dieu est le grand maître, Jésus son fils, et que c'est eux qui décident de ton sort, puis confronté à une nouvelle idéologie où tu es responsable de tout ce qui t'arrive, ce n'est pas chose facile lorsque notre vie a été remplie plus souvent qu'autrement de malheurs et de défaites. La prise de conscience est sûrement différente si à chaque fois que tu changes de maison, c'est pour une plus grosse, à chaque fois que tu changes de véhicule, c'est pour un meilleur, que ta compagne est une perle rare, que tes enfants sont en santé et qu'ils vont bien en classe. C'est sûrement le genre de vie dont je rêvais, les sommets que j'aurais voulu atteindre. Je me souviens, lorsque j'avais 20 ans et que je fréquentais Suzanne, je lui disais moi je me vois à 35 ans avec une bedaine, et dans les affaires. Un peu le stéréotype que l'on voit au cinéma de l'homme d'affaires, ancienne bague au doigt, cigare, montre de poche... je me voyais vraiment comme cela et j'ai toujours touché au monde des affaires, mais toujours des petites affaires, jamais des grosses. J'ai réalisé certains rêves en amour et en affaires, ils se sont presque tous soldés en grandes déceptions. La seule grande joie tangible, c'est mon fils Sébastien, qui est un homme merveilleux. Merci mon Dieu, merci la vie.

Jean-François se rendit à l'atelier, Madame Lalumière y était déjà. Elle sait qu'il attendait impatiemment cette journée où il travaillerait de façon tangible sur le projet qui lui tenait à cœur. Elle lut les derniers écrits.

– Je veux trouver un ou des moyens d'exprimer ma créativité, de m'accomplir en tant qu'être humain, de me réaliser et par le fait même de générer des revenus où je ne me sentirai pas limité dans mes désirs d'avoir et de faire à cause du manque d'argent, lui lança Jean-François.

«J'ai bien réfléchi et je sais que les domaines de la construction, de la rénovation et de la peinture pourraient encore m'apporter de la satisfaction. La construction simple m'attire moins, quoique j'ai toujours une bonne sensation lorsque je sens le bois frais coupé, c'est comme vivifiant pour moi, ça sent presque aussi bon qu'un pain que l'on sort du four. C'est peut être parce que cela me rappelle la senteur de la forêt, de la montagne, de la campagne. C'est cette odeur que je retrouve également ici lorsque je vais marcher au pied de la montagne».

«Grâce à mes goûts artistiques, j'aime la décoration et je semble mieux fonctionner lorsque je suis entouré de beauté, de couleurs, de fleurs et d'art. Je n'aime pas nécessairement faire les travaux moi-même, j'aime voir les choses prendre forme, se concrétiser, je sais que j'ai de grandes habiletés et je connais mes limites. Une autre idée qui me trotte dans la tête depuis longtemps, c'est d'avoir ma petite industrie. J'adorerais produire ou construire quelque chose à la chaîne, le côté industriel et la production de masse m'ont toujours fasciné. L'autre jour, je lisais un article dans le journal sur les gens qui inventaient. J'ai été surpris de lire que quelqu'un avait inventé un système de semelles antidérapantes pour la glace auquel j'avais déjà pensé il y a de cela une quinzaine d'années. Si j'avais poursuivi mon idée à ce moment-là, j'aurais sûrement réussi. Plus d'une fois, j'ai eu des idées de création comme cela, l'alcootest portatif, le chauffe-piscine solaire, le chauffeur électronique à la maison qui ferait l'épicerie tout seul et j'en oublie.

– C'est excellent, tout ça Jean-François! lui dit Madame Lalumière. Alors quelles sont les actions que vous pourriez mettre de l'avant dans le but de concrétiser une telle démarche?

– Parmi tous mes projets, je désire de tout cœur acheter des bâtiments, les rénover et les revendre. Dès mon retour, je vais chercher des sources de financement et établir un plan d'actions afin de dénicher des opportunités d'affaires dans l'immobilier: scruter les annonces dans les journaux, consulter la liste des bâtiments sur la marché, faire mes propres recherches en voiture, vérifier sur Internet, aviser les agents immobiliers de mes intentions et de mes besoins, bref utiliser tous les moyens à ma disposition pour trouver ce que je veux et pour négocier mon achat. Je vais aussi fixer un objectif de bâtiments à rénover pour les douze prochains mois ainsi que le profit à réaliser.

– Vous semblez déjà bien orienté et sûr de vous! Je vous donne donc cette journée pour continuer votre travail exploratoire et pour mettre par écrit tous les éléments qui vont se rattacher à ce projet qui semble vous tenir à cœur. Je sens dans votre voix et à votre expression qu'un bel enthousiasme se dégage de vous et j'en suis très heureuse. Je vous annonce également que nous reverrons Catherine demain. Elle a décidé de me ramener certains documents plutôt que de me les faire parvenir par courrier. Elle devrait être ici pour le dîner, vous aurez sûrement le goût de vous revoir et d'échanger ensemble. Nous nous rejoindrons dans la salle de séjour, en après-midi, vers 14h30. Continuez votre beau travail, nous avons notre dernier rendez-vous en tête à tête demain matin à 10h00.

– Je suis très heureux d'apprendre que Catherine nous rendra visite demain. J'avais justement très hâte d'avoir de ses nouvelles. Je vous retrouve demain matin tel qu'entendu.

Jean-François quitta et décida de travailler à l'extérieur. Il était très motivé par ce travail d'exploration. Il se sentait inspiré et même frénétique. Sa confiance était à la hausse et il irait de l'avant désormais.

Chapitre seize

Le lendemain, Jean-François se présenta très tôt à l'atelier. Madame Lalumière constata immédiatement son air inquiet. Il lui expliqua que tous ses écrits de la veille avaient été très révélateurs et très constructifs. Toutefois, à son réveil ce matin, il s'était senti très découragé et paralysé.

– Quelle a été votre réaction?demanda Mme Lalumière

– Étant donné qu'il était très tôt et que je n'ai pas osé vous déranger, j'ai pris mon crayon, mon ami fidèle des deux dernières semaines, et j'ai écrit ceci, dit-il en tendant une feuille à Madame Lalumière.

Ce matin je suis comme devant un mur. Je suis paralysé par la peur de me tromper ou de m'embarquer à nouveau dans un gouffre financier. Depuis que je suis ici, j'avais tellement hâte de travailler à la structuration de mon entreprise, c'est-à-dire à ma nouvelle façon de gagner ma vie.

Hier, tout s'est très bien déroulé. J'avais plein d'idées nouvelles et très intéressantes. Je n'avais pas eu cet enthousiasme depuis très longtemps. J'étais confiant d'être accompagné dans mes démarches. Je me rappelle aussi que peu de demandes m'ont été faites dans les dernières semaines. Je me suis dit qu'il y avait une raison à cela et que je devais poursuivre l'organisation de ce projet qui me passionne. Je n'ai donc aucune raison de le mettre de côté, et ce temps d'arrêt a été salutaire pour ma santé physique et ma santé mentale. Je me sens un peu nerveux mais tellement mieux.

J'ai déjà quelqu'un très intéressé à me financer pour la mise sur pied de ce projet. Il s'attend probablement à ce que j'investisse moi-même un bon montant, je sais qu'il n'y aura pas d'obstacle de ce côté-là. Je sais aussi que j'aurai des ententes pour les matériaux et je suis capable de trouver des bâtiments très intéressants. J'ai aussi un client potentiel et j'ai tellement reçu de messages favorables dans ces dernières semaines. Mais voilà que ce matin toutes mes peurs me rejoignent. Et encore une fois, ces petites voix en moi me harcèlent

— ne fais pas perdre de temps à ces gens-là, tu ne seras pas capable d'acheter,

— tu penseras que tu achètes la bonne entreprise mais elle est peut-être disponible parce que personne n'en a voulue,

— tu auras des problèmes avec la ville lorsque tu voudras reconstruire le bâtiment,

— tu pourrais manquer de financement pour supporter financièrement le bâtiment,

— *tu pourrais te faire vandaliser,*

— *tu n'as pas suffisamment de connaissances pour réaliser ce genre de transactions d'affaires,*

— *tu ne seras pas le bienvenu dans le milieu des investisseurs, ils vont te regarder comme si tu leur enlevais du marché,*

— *tu ne seras jamais le premier pour les bonnes occasions, la compétition est trop forte,*

— *tu pourras manquer d'argent, tu t'endetteras, tu perdras ta maison ou tu devras la vendre pour payer tes dettes,*

— *personne n'a jamais réussi financièrement dans ta famille,*

— *tu seras coincé, tu n'as plus la santé, la force et le désir de travailler comme avant, alors oublie ce genre de projet, tu as trop peur de l'échec.*

Madame Lalumière rassura Jean-François

– Ne vous inquiétez pas. Votre réaction de ce matin est normale et je suis contente que vous l'ayez eue avant votre départ de l'auberge. Toutes ces petites voix sont celles qui vous accompagnent depuis de nombreuses années, elles sont toujours très intéressées à vous *aider*. Il vous faut avant tout les accepter avec tous leurs messages et même les remercier de toujours avoir été là avec vous et de tous les services qu'elles vous ont rendus. N'oubliez pas que derrière ces peurs, il y a beaucoup d'énergie utilisée. Lorsque vous avez complété un processus de pardon avec les hommes qui ont été marquants dans votre vie ainsi qu'avec votre père, les blessures profondes qui revenaient constamment étaient la trahison et l'injustice. Ces voix représentent ce que vous avez emmagasiné dans votre mémoire à la suite des différentes expériences que vous avez vécus au cours de votre vie personnelle et professionnelle. Aussi, ces blessures ont été vécues par votre petit enfant intérieur et ce dès les premières années de votre vie.

«Vous aurez donc à vous servir de toute cette énergie pour passer à l'action. C'est de cette façon que vous pourrez inscrire des messages de succès dans votre mémoire. Vous aurez aussi à calmer les peurs de votre petit enfant intérieur. Plus vous resterez vraiment en contact avec celui-ci, plus vous développerez votre projet dans le respect de votre passion et plus vous réussirez à apprivoiser ces peurs. Je vous félicite de vous être libéré immédiatement de ces émotions par le biais de l'écriture, vous allez maintenant toujours être en mesure de le faire ainsi, dès que ces peurs reviendront ou dès que vous connaîtrez des contrariétés.»

Les paroles rassurantes de Madame Lalumière apaisèrent Jean-François.

– Je vous remercie grandement pour ces éclaircissements. Il est vrai que ces écrits m'ont aidé à voir clair et surtout à reconnaître que cette réaction était prévisible. Je connais mon passé de *victime*. Je sais aussi que ce sera différent car j'ai fait beaucoup de prises de conscience et je sais que l'ensemble de ces expériences avaient leur raison d'être pour me ramener sur la route de l'amour véritable de soi. Est-ce que vous avez de l'enseignement additionnel pour moi ce matin?

– Il me reste certains détails à vous donner sur le pardon et sur l'amour véritable. Si vous acceptez, j'aimerais vous les livrer cet après-midi, en compagnie de Catherine.

– C'est une excellente idée. Nous avions débuté les informations générales ensemble et nous compléterons cet après-midi.

– J'ai déjà reçu l'accord de Catherine, au téléphone. Je vous souhaite de bonnes retrouvailles, un excellent dîner et je vous revoie tous les deux à 14h30.

* * *

Sur le coup de midi, Catherine arriva à l'auberge et retrouva Jean-François dans la salle à manger. Ils étaient très heureux de partager ce repas ensemble. Ils échangèrent sur leur expérience à l'Auberge Le Phare. Ils en étaient tous les deux très satisfaits. Après ces heureuses retrouvailles, ils se dirigèrent à la salle de séjour pour rencontrer Madame Lalumière, leur guide. Ils étaient tous les deux un peu nostalgiques, ce serait leur dernière rencontre avant le retour à leur vie quotidienne.

Madame Lalumière les accueillit chaleureusement. Catherine lui expliqua qu'au cours des deux dernières semaines, elle s'était reposée et avait continué ses exercices d'écriture. Elle se sentait de plus en plus énergique. Tous les membres de sa famille étaient heureux de la voir dans cet état. Madame Lalumière leur remit un dernier document et elle leur livra sa conclusion sur le pardon et sur l'amour véritable de soi.

– «Le pardon constitue un moyen privilégié et un outil de travail pour guérir l'âme blessée. Le temps qu'il faut pour pardonner varie selon les individus et leurs réponses émotionnelles et affectives devant les évènements qui les ont troublés. Il nous faut donc adopter les exercices qui nous semblent les plus pertinents pour notre croissance personnelle et spirituelle. Ne désespérons pas, l'amour vient à bout de tout.»

«Le pardon est une pratique évolutive qui nous permet de revenir à l'amour. Cet exercice peut soigner une blessure d'amour créée par une injustice et qui demande à être réparée avec douceur et bienveillance. L'humilité et la compassion sont les qualités nécessaires pour faire reculer nos barrières logiques et nos doutes qui surgissent en cours du cheminement».

«Le pardon est un long processus qui nous oblige à modifier de temps à autre nos perceptions. Bien qu'il soit effectivement indispensable de pardonner à chaque reprise, si nous voulons être véritablement libérés, guéris et capables d'aller de l'avant, nous devons faire du pardon un véritable mode de vie qui imprégnera de clarté, de compassion et de compréhension chaque minute de notre existence. Il nous apprend que nous pouvons nous montrer fermement en désaccord avec quelqu'un sans pour autant lui retirer notre affection. Et il nous emporte au-delà des craintes et des mécanismes de survie qui nous conditionnent, jusqu'à une certaine audace qui nous permet d'accéder à un nouveau monde fait de choix et de liberté dans lequel nous cessons enfin de nous débattre. Il nous guide vers un monde dans lequel la paix n'est pas considérée comme un élément étranger. Il nous apprend à connaître notre vraie force».

– Le pardon a ouvert la porte à l'expression de votre identité véritable, amenant la compréhension de la réalité qui vous donnera le courage de traverser les vicissitudes de l'existence, quelle que soit la forme que celles-ci revêtiront. Le pardon s'est implanté dans votre conscience et vous pourrez dorénavant ressentir un sentiment puissant de sécurité et d'acceptation intérieures, et ce malgré l'insécurité des circonstances extérieures et l'intolérance des personnes qui vous entoureront. Vous serez plus lucides et plus forts, puisant ainsi votre force dans une plus grande confiance en vous-mêmes.

«Cette démarche du pardon est essentielle pour toute âme qui aspire à mieux se connaître et à libérer le divin en elle. Aussi, cette démarche nous aide à contrecarrer cette tendance qu'a l'être humain à causer des préjudices aux autres. Le pardon nous apprend à nous épanouir dans l'amour de soi et des autres».

«Avec le temps, nous découvrons que cette démarche du pardon nous entraîne à faire confiance et à développer un regard plus serein sur nos expériences de vie. Plutôt que de sombrer dans les drames et les intrigues de tous genres, nous accueillons l'émotion présente dans toute sa tristesse et sa souffrance, sans l'amplifier ni la minimiser nous permettant ainsi d'apporter les correctifs nécessaires aux conflits qui nous blessent, qui nous briment, qui nous bloquent et qui nous affligent».

«Enfin, lorsque nous consentons à abandonner nos luttes farouches et nos rancunes de toutes sortes, nous ouvrons une fenêtre et découvrons un monde de couleurs et de beauté. C'est ainsi que nous retrouvons la vraie signification du verbe croire. Croire en la création, c'est découvrir que la vie est belle et qu'elle vaut la peine d'être vécue; croire en soi-même, c'est s'accepter tel que l'on est et croire en nos talents et en nos aptitudes».

«Nous prenons conscience que nous sommes quelque chose d'infiniment grand, avec un esprit rationnel capable de nous orienter et de nous rassurer. Nous comprenons de mieux en mieux que nous sommes guidés de l'intérieur. Quelles que soient les circonstances, nous considérons chaque nouvelle expérience et chaque situation non comme l'occasion de baisser les bras, mais plutôt comme le moyen d'aimer ce qui ne connaît ni jugement ni rejet».

Elle les regarda tendrement et poursuivit.

«Vous avez eu à pardonner à l'enfant que vous avez été pour ressentir l'amour véritable et enfin connaître la grande puissance du pardon qui conduit à la guérison de l'âme et fait rejaillir en vous la joie d'être en vie. Plus vous guérissez, plus vous vous aimez, plus vous vous acceptez, plus vous parviendrez à reconnaître et à laisser aller les sentiments plus subtils de culpabilité, de honte et de dévalorisation.»

«En prenant conscience des différents appels à l'amour qui se cachent derrière les conflits et les désaccords, vous apprendrez à témoigner plus de compassion pour la souffrance humaine et aussi la vôtre. Si vous êtes incapables de remplacer la haine par l'amour, la plaie causée par une injustice ou une trahison restera ouverte. Certes, il ne faut pas forcer le pardon, rappelez-vous que garder rancune à quelqu'un vous fera bien plus de tort à vous qu'aux autres».

«Le moyen par excellence pour arriver à ressentir cette compassion, consiste à observer les expériences du passé, à vous pardonner pour les expériences moins agréables et vous accepter dans le moment présent même si celui-ci ne correspond pas à ce que vous désirez. Vous seul avez le pouvoir de vous déculpabiliser en vous pardonnant pour les critiques que vous avez faites à votre égard. C'est la perception mentale que vous avez d'un incident ou d'une personne qui est responsable de l'émotion et non l'incident ou la personne elle-même».

«Dès que vous portez un jugement contre quelqu'un, vous êtes rarement dans l'amour, car le pardon est l'amour en action. Sans amour, vous n'êtes que des pantins régis par vos émotions. Quand l'amour circulera en rayons lumineux dans votre vie, le jour se lèvera sur vos noirceurs et vous illuminera et, dans le rayonnement de votre être, vous pourrez contempler les effets merveilleux du pardon et de la guérison. Pour parvenir à lever ce fameux jour sur vos vies de discorde, il faut savoir pardonner».

«Aucun conflit ne peux prendre racine dans l'amour, rappelez-vous que les désaccords surviennent entre autres, quand les personnes ne comptent que sur leurs propres forces. Pour réveiller le divin en vous, il vous faut apprendre la véritable signification du mot compassion. Et pour se faire, poser des gestes de pardon demeure primordial.»

«Reconnaître et respecter vos limites est une marque d'amour envers vous-même. Apprenez donc à vous aimer, à voir vos belles qualités. Vous aurez à apprendre à être heureux dans votre situation présente avant que celle-ci puisse se transformer et que vous arriviez à avoir plus d'argent ou plus d'énergie.»

«Une personne en contact avec son âme ne peut vivre que gouvernée par l'amour, elle s'aime et aime les autres, se donne le droit et l'accorde aux autres, de vivre toutes sortes d'expériences sans culpabilité. Il n'y a pas de jugement, seulement des observations qui nous permettent de rester nous-mêmes. Si vous vivez des situations douloureuses et que n'êtes pas en harmonie, vous vivez dans la peur et petit à petit, vous n'êtes plus vous-mêmes».

«L'expression la plus pure de l'amour exige que vous soyez suffisamment en contact avec vous-même pour pouvoir entrer en contact avec autrui. Au fur et à mesure que croissent votre compassion pour les autres et pour vous ainsi que votre compréhension de leurs motivations et des vôtres, vous commencez à vivre plus intensément la réalité de l'amour qui imprègne votre vie».

«L'amour n'est ni plus ni moins que l'expression simple, honnête et naturelle de votre propre plénitude, l'acceptation totale de vous-mêmes. Dès que vous parvenez à vous accepter véritablement, sans jugement, dans tout ce que vous êtes, vos apparents défauts au même titre que vos qualités intrinsèque, l'amour vous accompagne.»

«Si vous prenez le risque de vous aimer, peut-être verrez-vous s'épanouir sous vos yeux les fleurs que vous aviez crut à jamais fanées. Si vous laissez l'amour guider votre vie, vous arriverez immanquablement à vos fins. Au contraire, si vous vous laissez guider par vos croyances mentales, vous vivrez nécessairement des émotions en continuant de nager à contre-courant et en vous fatiguant beaucoup plus vite. Ce sera votre intuition et l'amour véritable qui dirigeront votre vie et non pas vos croyances non bénéfiques».

«L'Amour agit en maître dans la transparence et la beauté. Petit à petit, développez un peu plus chaque jour votre capacité à vous aimer, afin que cette réalité domine votre expérience. Remerciez la vie pour toutes les opportunités d'évoluer et de vous épanouir qu'elle met sur votre chemin. Divinisez la matière en posant sur elle des yeux d'amour et trouver la beauté en toute chose et en tout être. Faites jaillir sur tous les gens que vous côtoyez, par vos paroles et vos actions, le désir de grandir dans la paix et dans la joie. Sous le voile du paraître se cache souvent le joyau de l'amour. Manifestez de la paix dans vos gestes et dans vos paroles afin d'aider les autres à accomplir leur destinée. Agissez et faites tout par amour et vous verrez un monde meilleur surgir des cendres de l'illusion».

«Voilà, mon enseignement se termine ainsi, je vous sens plus confiants et plus calmes qu'à votre arrivée à l'auberge il y a près d'un mois. Mon amour et ma confiance en vous seront vos compagnons sur cette route qui mène à votre âme. Et surtout, n'oubliez pas :

La guérison est au bout de votre crayon.

Pour écrire à l'auteur :
C.P. 223
Ville de Ste-Catherine-de-la-Jacques-Cartier
G0A 3M0

Achevé d'imprimer chez
MARC VEILLEUX IMPRIMEUR INC.,
à Boucherville,
en octobre 2000